资助项目：

教育部人文社科青年基金项目（17YJC630057

北京市高精尖学科建设——工商管理项目

交易方式选择的
微观动因和流动性研究

来自新三板市场的证据

李金甜◎著

RESEARCH ON
MICRO-MOTIVATION AND
LIQUIDITY OF TRADING
MODE SELECTION

EVIDENCE FROM THE NEEQ MARKET

经济管理出版社

ECONOMY & MANAGEMENT PUBLISHING HOUSE

图书在版编目（CIP）数据

交易方式选择的微观动因和流动性研究：来自新三板市场的证据/李金甜著．—北京：经济管理出版社，2022.3

ISBN 978 - 7 - 5096 - 8375 - 0

Ⅰ.①交⋯　Ⅱ.①李⋯　Ⅲ.①中小企业—企业融资—研究—中国　Ⅳ.①F279.243

中国版本图书馆 CIP 数据核字（2022）第 056008 号

组稿编辑：申桂萍
责任编辑：申桂萍　谢　妙
责任印制：黄章平
责任校对：董杉珊

出版发行：经济管理出版社
　　　　　（北京市海淀区北蜂窝 8 号中雅大厦 A 座 11 层　100038）
网　　址：www. E - mp. com. cn
电　　话：（010）51915602
印　　刷：唐山玺诚印务有限公司
经　　销：新华书店
开　　本：720mm×1000mm/16
印　　张：13.5
字　　数：162 千字
版　　次：2022 年 3 月第 1 版　　2022 年 3 月第 1 次印刷
书　　号：ISBN 978 - 7 - 5096 - 8375 - 0
定　　价：68.00 元

前　言

近年来，加快多层次资本市场发展、建设现代化经济体系一直是政府关注的重点内容。"十四五"规划布局国内国际双循环新发展战略，对深化资本市场改革、提高金融服务实体经济能力提出更高要求。作为多层次资本市场的重要组成部分，新三板市场立足于服务创新型、创业型、成长型中小微企业，为实体经济发展提供了重要的金融支持。证券市场微观结构理论的主要内容是证券交易机制，交易机制是决定市场价差的决定性因素。自 2014 年 8 月新三板市场推出做市商制度以来，交易机制的设计一直着力于兼顾包容性与差异性，以满足市场内不同层次企业的多元化需求。2014 年 8 月至 2018 年 1 月，新三板市场实行的一直是协议转让与做市转让并行的交易制度，在 2018 年 1 月以后，全国中小企业股份转让系统（又称新三板，简称"股转系统"）推出竞价交易制度，至此新三板开始实行做市商制度与集合竞价并行的交易制度。以往对做市商制度的研究文献多认为，作为市场的流动性提供者，做市商能够稳定市场、实现价格发现职能。在中国新兴资本市场环境下，做市商制度能否适应新三板市场环境、发挥预期效应呢？做市商制度在新三板市场的实施有何局限性，对新三板市场有何推进作用呢？这些都成为检验制度适用性和有效性所不可回避的问题。本书针对以上问题，分别从企业与做市商之间的互动、做市商的做市效果等方面，对做市商制度在新三板市场的实施效果进行评价和分析，具体如下：

第一，在理论分析部分，梳理了中国多层次资本市场环境与制度的发展，新三板交易机制研究的背景及意义，对市场微观结构理论、交易机制、流动性及声誉理论的相关经典文献进行了归纳和总结。梳理了新三板制度背景、交易机制变革，并对多种交易方式进行了评价与对比，分析其优势和不足。通过以上归纳和论述，首先，明晰了本书研究的制度环境，指出了国内外研究在相关问题上的不足，提出了研究话题的价值性和可行性；其次，对相关文献的梳理奠定了本书研究的理论基础，为深入理解企业行为、多维度评价做市商的做市效果提供了研究依据；再次，通过分析多层次资本市场及新三板主要制度的发展历程，有助于理解和解释相关制度的影响因素；最后，对新三板交易机制变革进行梳理以及对多种交易方式进行比较，为本书分析企业选择做市交易的微观动因，进而评价做市商制度的流动性效应提供了重要的制度依据。

第二，在实证分析部分，对做市商制度实施后，做市商和企业之间的"互选"微观动因进行了检验。以2015～2016年陆续选择做市转让的企业为研究对象，分别从企业视角和做市商视角对交易方式的选择行为进行了分析。从企业主动选择的视角出发，基于企业提升流动性诉求展开分析，研究是否高质量企业更易受益于做市商提供的流动性服务，是否更倾向于选择做市转让，高质量企业选择做市后是否也更受做市商的偏好；从做市商主动选择的视角出发，纳入做市商声誉变量，检验声誉较好的做市商是否更偏好高质量的企业。为了对比证券企业在履行不同职责时的行为差异，同时纳入主办券商声誉变量以检验高声誉主办券商是否倾向于选择高质量的企业。以上实证分析兼顾了市场内企业和金融中介机构行为，为交易方式选择的微观动因提供了较好的证据。

第三，采用实证研究方法，基于双重差分模型（Difference - in - differences，DID 模型），检验做市商制度在新三板市场的实施效果。基于已有研究文献，本书在样本选择、指标选取和研究方法上进行了拓展，以全面评价做市商制度的流动性净效应。为深度剖析做市商制度实施效果的影响因素，结合理论分析，纳入企业拥有的做市商数量、企业市值以及券商声誉这三个变量，分别评价三者对做市商制度实施效果的影响作用。在对券商声誉的影响作用进行检验时，纳入主办券商声誉变量和做市商声誉变量进行对比分析，同时为前文有关券商和企业之间的"互选效应"提供证据。

第四，结合实证设计及研究结果，针对新三板企业"退出做市转让"这一特殊现象，采用制度分析、案例研究和实证研究方法，综合分析做市企业退做市转协议的动因及后果。从新三板企业选择和做市商选择的不同角度展开研究，为交易方式选择的微观动因提供证据，实证分析企业退出做市后的流动性表现，进一步验证了做市商制度的市场效果。

基于以上研究内容，笔者发现，第一，做市转让方式选择的微观动因既有企业基于流动性需求的主动选择，也有做市商基于风险考虑的精挑细选。一方面，高质量企业在选择做市后在一定程度上能克服协议转让的局限性，获得更多投资者的认可，因此倾向于选择做市转让；另一方面，引入券商声誉因素后，从做市商的视角分析发现，高声誉的做市商倾向于选择高质量的企业做市，两者之间存在显著的"互选效应"，而主办券商因职责范围不同，加上数量较为匮乏，因此高声誉主办券商与高质量企业之间不存在显著的"互选效应"。第二，通过采用 DID 模型评价做市商制度的流动性效应，笔者发现做市商制度能减少买卖价差、降低交易成本及股票的波动性，但也降低了股票的交易规模，做市商制度的市场效果存在

"流动性缺陷"。纳入做市商数量、企业市值、券商声誉这三个指标后的结果显示，三者均在一定程度上弥补了做市商制度的"流动性缺陷"，即做市商数量对做市商制度的流动性效应具有显著正向影响，拥有做市商数量越多的企业，转为做市转让后的股票流动性会越好；企业市值越大的企业，转为做市后能吸引更多的股票投资者参与，其股票流动性也会更好；拥有高声誉做市商的企业转做市后，股票流动性能得到显著提升。相比之下，主办券商由于不直接参与股票的交易活动，其声誉对股票流动性基本无显著影响。以上结论证实了做市商数量、企业市值及做市商声誉等因素是影响做市商制度流动性效应的重要因素。第三，通过分析新三板做市企业退"做市"转"协议"这一现象，笔者发现，从制度动因上分析，由于原有做市商制度的局限性，为控制股权分散、限制"三类股东"买入、方便国有券商退出（个别企业）使 IPO 之路更加顺利，部分企业不得不退出做市转让。由于做市商制度下不易实现大宗交易，一些面临股权收购、大股东增持或减持的企业不得不转为协议转让；从企业微观动因上分析，由于做市交易无法满足企业的流动性诉求，因此部分企业主动选择退出做市转让。实证研究发现，这些企业退出后的交易规模、企业价值和股票价格都得到显著提升，这也验证了企业主动选择做市交易的微观动因；从做市商视角分析，新交易制度实施后，同时伴随着新三板市场行情的急速下跌，做市商的主动退出使得部分企业被迫退出做市转让，这印证了做市商和企业之间的"互选效应"动因。

通过从企业、做市商的双重视角剖析交易方式选择的微观动因，并多维度地评价做市商制度的政策效果，对检验新三板市场制度安排的合理性具有重要的实践意义。结合做市商数量、企业市值、券商声誉等因素进行深度剖析，为理解和解释新三板市场企业和做市商行为提供了重要的决策依据。本书结合理论分析和实证分析，探讨了交易方式选择的微观动因和流动性效应，丰富和发展了中国国情下的交易机制研究，对完善中国多层次资本市场制度建设，推进做市商制度在新兴资本市场的发展具有重要的理论和实践意义。

李金甜

2020 年 12 月

目　录

第一章　绪论

第一节　研究背景

近年来，我国多层次资本市场体系逐步健全，为实体经济发展提供了重要的金融支持。习近平总书记在党的十九大报告中提出，增强金融服务实体经济的能力，提高直接融资比重，促进多层次资本市场健康发展。2019 年 10 月 25 日证监会启动全面深化新三板改革，再一次明晰新三板的市场定位，促使多层次资本市场间的互联互通。新三板作为我国多层次资本市场体系的重要组成部分，是中小微企业进入资本市场的主要渠道，承担着为中小微企业提供证券交易融资平台的重要任务，在践行金融服务实体经济的理念上发挥着举足轻重的作用。新三板的行业全称是"全国中小企业股份转让系统"（以下简称新三板），2012 年经国务院批准，新三板由中关村一个试点逐渐扩展至全国，成为主板市场的重要补充。

证券市场微观结构理论的主要内容是证券交易机制（Demsetz，1968），在资本市场上，由于买卖双方的不同步性，需要一种可预测性、及时性的买卖方式来缓解基本交易问题（Demsetz，1968），选择好的交易商有助于提高市场流动性（Venkataraman and Waisburd，2007；Egginton，2014）。在国外发达资本市场环境下，做市商制度经过数个阶段的演变，已成为成熟的交易体系，其中，以美国的纽约证券交易所（New York Stock Exchange，NYSE）专家做市商（指定做市商）以及纳斯达克（National Association of Securities Dealers Automated Quotations，NASDAQ）市场的竞争性做市商制度较为典型。合理的交易制度是新三板市场健康发展的核心和关键。2014 年8 月，借鉴美国 NASDAQ 市场的竞争性做市商制度，新三板市场正式推出做市商制度，在做市商制度引入初期，选择做市转让的企业数量曾一路攀升，截至 2016 年 12 月 31 日，做市企业数达 1654 家，此后有企业陆续退出做市转让；截至 2018 年 12 月 31 日，在新三板10691 家挂牌企业中有 1086 家采用做市转让交易方式，占比10.16%，其余9605 家采用竞价转让交易方式。根据新三板交易规则，采用做市交易的企业，应当有两家或者两家以上的做市商为其提供报价，通过做市商报价形成交易价格，促进交易达成。

2018 年 1 月，新三板引入集合竞价交易机制，在 2014 年 8 月至2017 年 12 月，新三板市场一直采用协议转让和做市转让并行的交易制度，相比协议转让而言，做市转让作为更加成熟、较具优势的交易制度，在新三板市场上实施效果如何？新三板市场对做市商制度的反应及适应程度如何？基于这些问题，在两种交易制度并行的环境下，审视交易方式选择的微观动因及其他影响因素，研究其微观经济后果，具有提高资本市场有效性、促进交易制度完善和中小企业发展等重要的理论和实际应用价值。

目前，在较成熟的资本市场一般采用竞价交易制度。以我国主板市场和美国 NYSE 市场为例：我国主板市场主要采用开盘集合竞价和盘中连续竞价的交易方式，集合竞价产生开市价格，随后针对投资者连续不断的交易指令，按照价格优先、时间优先的原则配对竞价成交。NYSE 市场采用基于交易大厅的代理和竞价混合交易模式，买卖双方的订单通过代理人（包括大厅经纪人和专家）进行连续竞价，从 2008 年 10 月 24 日起，专家改为指定做市商（Designated Market Maker，DMM）。在 NYSE 市场上，每家上市企业有且仅有一名专家（指定做市商）负责，指定做市商的目的是维持市场有序性和交易连续性，较多文献证明了 DMM 在资本市场上的重要作用。Adam 等（2017）的研究证实了当市场发生故障时，指定做市商能够为市场提供流动性。新三板市场的做市商制度类似于美国 NAS-DAQ 市场的竞争性做市商制度，NASDAQ 市场主要采用以做市商为主的混合交易机制（在竞争性做市商制度中引入竞价交易制度），做市商在进行买卖报价时需将投资者的限价指令纳入其报价，以进行最优报价，NASDAQ 市场的混合交易机制兼具了"指令驱动"和"报价驱动"的混合特征。在竞争性做市商制度下，一家企业有多家做市商负责做市，可在较大程度上降低交易成本，获得流动性。自 2014 年 8 月以来，不同于多数资本市场单一的交易制度安排，新三板市场一直采用双向交易机制并行标准，企业根据自身融资需求可退出原有交易方式，再选择适合自己的交易方式。新交易制度的安排及交易制度的可选择性，为本书研究新三板交易方式选择的微观动因、影响因素和市场效果提供了契机。

第二节　研究现状概述

证券交易活动直接关系到资本市场功能的实现，交易制度研究一直是理论界、实务界、管理层关注的热点问题。早期国外文献主要基于市场微观结构理论对影响证券价格形成的微观因素及其交易结果进行探讨，市场微观结构理论主要经历了存货模型阶段和信息模型阶段。存货模型阶段主要关注证券价格形成过程中的影响因素，包括订单流（Garman，1976）、交易成本（Stoll，1978；Ho and Stoll，1981）、做市商竞争（Cohen et al.，1981；Ho and Stoll，1983）等；信息模型阶段则研究了市场价格的调整过程（Glosten and Milgrom，1985）、知情交易者和非知情交易者的交易策略（Bagehot，1971；Copeland and Galai，1983）等。国外近几年对交易制度的研究侧重于做市商的技术手段和作用的转变（Menkveld and Wang，2013；Chung and Chuwonganant，2014），基于指定做市商和竞争性做市商制度的研究发现，做市商的引入可提高股票流动性（Glosten and Milgrom，1985），改善市场质量（Amihud and Mendelson，1987；Venkataraman and Waisburd，2007；Adam et al.，2017）。

在现有对交易制度与企业微观行为之间的研究文献中，国内学者早期研究主要以理论分析（陈一勤，2000；杨之曙、王丽岩，2000）以及银行间债券市场做市商行为研究（张瀛，2007；马永波和郭牧炫，2016）为主，其中，银行间债券市场的双边报价制度引起了实务界和理论界对做市商制度的关注。自2014年新三板市场引入做市商制度以来，陆续有学者开始对制度的实施效果进行分析，目前，关于新三板做市商的研究尚未有一致结论，陈辉和顾乃康（2017）认为，新三板市场做市商制度的实施可促进股票的流动性，何牧原和张昀（2017）、郑建明等（2018）则认为新三板做市商制度并未完全发挥提供流动性的作用，新三板市场出现"流动性悖论"。

从理论视角分析，国外较多文献基于市场微观结构理论探讨了证券市场的价格形成机制，为交易机制的设计、交易制度的完善和效率分析奠定了较成熟的理论基础；从市场效应分析，国外资本市场的实践经验证明了做市商在促进股票交易、提高流动性等方面有着积极效应，而国内资本市场的相关证据尚未达成一致性结论，关于做市商制度的研究也较为匮乏。

通过上述对国内外研究的总结，发现仍存在以下两点问题有待探讨：

第一，对交易方式选择的微观动因缺乏系统分析。现有文献对做市商制度的选择原因及影响因素有所涉及，但缺乏对一个交易市场中企业交易方式选择的微观动因进行探索。多种交易制度并存是新三板市场显著特征之一，较低的准入门槛也导致挂牌企业异质性特征明显。因此，基于企业特征、企业治理等个体差异以及金融中介机构等市场环境来研究交易制度，具有较强的现实意义。

第二，对中国情境下的交易制度效率研究尚有不足。现有文献对做市商行为和做市商的作用进行了评价，然而，一方面，在交易机制对企业交易活动、市场反应的作用效果上，已有研究尚未得出一致结论；另一方面，由于我国新三板市场交易制度的特殊性及引入做市商制度的滞后性，尚缺乏对影响制度实施效率的其他因素进行探索。新三板市场引入做市商制度后，企业对交易方式的主动或被动选择动机，为本书基于中国情境下的做市商制度研究提供了实践基础和数据支持。

第三节　研究目标、内容及方法

一、研究目标

做市商制度在新三板的实施是我国多层次资本市场交易制度发展的重大改革，新兴资本市场引进国外较成熟的做市商交易机制，会产生什么样的市场反应？企业和做市商之间会产生什么样的互动效应？做市商制度在新三板市场的实施有何缺陷？根本原因何在？做市商制度的流动性效应在不同的企业特质因素下，又会产生何种差异？

为解决以上问题，拟定研究目标如下：

第一，通过检验企业特征、企业治理等企业质量因素是否影响交易方式的选择与做市商偏好，建立起挂牌企业与做市商之间的良性互动关系。

第二，运用事件研究法，剖析做市商制度的流动性效应，为科学研究交易制度对企业行为的作用机制提供理论基础和研究视角。

第三，分解检验交易制度的市场后果是否因做市商数量、企业市值特征不同而异，引导企业选择合适的交易方式，弥补现有市场资金存量及流动性供给不足的问题，对现有制度的缺失产生替代效应。

第四，从声誉视角出发，检验券商声誉与企业之间的"互选效应"，以及券商声誉对做市商制度实施及其效果的内在作用机理，深度分析做市商行为模式的内外动因。

二、研究内容

综合上述分析，为达到研究目的，结合我国特殊的制度背景，遵循主流研究范式，本书分别从企业和做市商视角对市场交易机制进行深入分析。依照整体理论分析框架，针对性地运用理论研究和实证研究相结合的方法，设计整体理论分析框架（见图1－1），并着重从五个方面对主要内容展开实证研究。

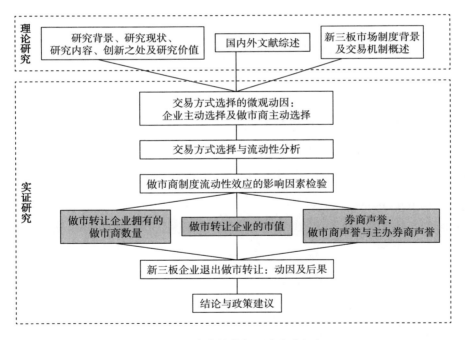

图1－1　本书结构与研究内容框架

首先，在前三章的理论分析部分，第一章绪论，主要梳理了中国多层次资本市场制度背景，从总体上评价目前研究现状、提出拓展空间，并在此基础上对本书的研究内容进行设计，提出本书的创新之处和研究意义；第二章文献综述，对市场微观结构理论、交易机制与流动性相关研究、声誉理论等文献进行了梳理和归纳，为合理解释企业和做市商行为及本书研究结论奠定了理论基础；第三章新三板市场制度背景及交易机制概述，梳理了新三板市场制度背景及发展、交易机制变革与现状，并对多种交易方式进行优劣势评价对比，有助于理解相关制度因素，进而对分析企业选择做市转让的微观动因、评价做市商制度的流动性效应提供重要的制度依据。

其次，实证分析部分主要分为四大部分：

第一，交易方式选择的微观动因分析。由于从 2014 年 8 月至 2017 年 12 月，新三板实行的是协议转让与做市转让并行的交易制度，在 2014 年 8 月至 2017 年 12 月陆续有企业由做市转让转为协议转让（可参考图 3 - 4），存在企业和做市商"互选"现象①，因此，该部分从企业选择做市转让的微观动因出发，分析企业特征、企业治理层面对做市交易选择的影响因素，验证是否高质量企业更倾向于选择做市转让。由于考虑到主办券商和做市商作为新三板市场重要的金融中介机构，其行为会对企业产生影响，因此，进一步纳入主办券商和做市商声誉。针对主办券商，先是分析了主办券商声誉是否为企业选择做市转让的微观动因之一，而后检验了高声誉主办券商与高质量企业之间是否有"互选效应"；针对做市商，分析做市商在选择拟做市企业时是"囫囵吞枣"还是"精挑细选"。从资源匹配视角，分析了新三板市场券商和企业之间的

---

① 2018 年 1 月开始，协议转让统一转为竞价交易，此时的做市转让企业基本稳定，做市转让企业数量未出现明显增加，部分陆续由做市转让转为竞价转让的企业与 2018 年 1 月之前退出做市转让企业的动机基本一致，因此本书研究交易方式的选择侧重于对协议转让与做市转让并行阶段的分析。

可能关系。

第二，交易方式选择与流动性分析。在已有对新三板做市商制度研究的基础上（何牧原和张昀，2017；陈辉和顾乃康，2017；郑建明等，2018），分别采用两阶段 DID 和多期 DID 样本，拓展了流动性多维度度量指标，全面剖析了做市商制度的流动性效应，为完善相关研究提供了借鉴，为后文影响因素的调节效应提供了研究基础。

第三，做市商制度流动性效应的影响因素检验。引入做市商数量、企业市值和券商声誉这三个指标，分析影响做市商制度流动性效应的调节因素。在做市商数量问题上，以做市企业为研究样本，检验拥有做市商数量较多的企业是否流动性更好；在企业市值问题上，以做市企业为样本，检验较大市值的企业能否降低流动性风险，从而更有利于选择做市转让；在券商声誉问题上，为更好地分析做市商声誉的作用，纳入主办券商声誉进行比较分析。第一步，采用 OLS 模型，分析券商声誉是否影响股票流动性；第二步，采用 DID 模型，检验拥有高声誉券商的企业，其采用做市转让后的流动性效应是否有显著差异。

第四，新三板企业提出做市转让的动因及后果分析。结合新三板挂牌企业"退出做市转让"这一特殊现象，通过制度研究、案例分析及实证研究，分析做市企业退出做市转让的综合因素。通过分别剖析新交易制度（2018 年 1 月 15 日，新三板推出竞价交易制度）实施前和实施后的交易方式的变更动因，为新三板企业交易方式选择的微观动因提供进一步的证据。此外，采用 DID 模型评价企业退出做市后的流动性表现，也进一步验证了原做市商制度存在影响流动性的问题。

最后，研究结论与政策建议。通过一系列的分析，本书发现交易方式的选择是企业和做市商的双向"互选"结果，做市转让方式选择的微观动因既有企业基于流动性需求的主动选择，也有做市商基于风险考虑的精挑细选。相比做市商与拟做市企业之间显著的"互选效应"，主办券商与拟督导企业之间则不存在显著的"互选效应"。做市商制度在新三板市场的实施，能在一定程度上减少买卖价差、降低交易成本及股票的波动性，但也降低了股票的交易规模，做市商制度的市场效果存在"流动性缺陷"。在纳入做市商数量、企业市值、券商声誉这三个指标后的结果显示，三者均在一定程度上弥补了做市商制度的"流动性缺陷"。

通过分析新三板做市企业退"做市"转"协议"这一现象，本书发现部分企业因为做市商制度的局限性不得不退出做市转让；而有些企业则由于做市交易无法满足其流动性诉求，因此主动选择退出做市转让；在新交易制度下，受市场行情影响，部分做市商的退出使得相应企业因不满足做市条件而被迫退出也是原因之一。这也印证了前文关于企业和做市商之间存在"互选效应"的微观动因。根据研究结论，本书分别从券商视角、制度监管完善视角以及企业视角提出相应的政策建议。相比以往的研究，在研究视角、研究内容、研究方法上均有所创新。

三、研究方法

为完成研究目标和研究内容，本书拟采用定性与定量研究相结合的方法，在文献归纳整理的基础上，建立理论模型进行实证分析，并辅以典型企业的案例研究和实地调研加以佐证。

（一）定性研究

定性研究的目的是通过文献梳理和归纳来建立理论模型，提出研究假设。本书前三章是以定性研究为主，在其余章节中，也涉及定性研究，通过此研究方法，梳理各研究成果的理论、假说、观点和实证证据，提炼出本书的重要研究内容。

（二）定量研究

本书主要基于商业数据库进行实证分析，挂牌企业特征数据来自 Wind 数据库；企业治理数据来自 Wind 及 Resset 数据库；交易方式、券商相关数据分别来自 Wind 数据库及中国证券监督管理委员会网站。

根据各章节的研究内容的不同，分别选择了不同的理论模型。第四章以 Logit 模型和 OLS 回归模型为主；第五章以两阶段 DID 模型以及多期 DID 模型为主，为克服选择性偏差，同时采用了 PSM – DID 模型进行分析；第六章以 OLS 回归模型和多期 DID 模型为主；第七章以两阶段 DID 模型及 PSM – DID 模型为主。

（三）案例研究和实地调研

本书还将在理论构架的基础上，选取典型企业进行案例研究和实地调研。例如，分别选取协议转让转为做市交易及做市交易转为协议转让的典型企业，进行实地调研，以了解企业行为的主观动因，综合分析企业交易方式选择的影响因素。通过案例研究和实地调研，一方面，为研究假设和理论模型的建立提供了参考依据；另一方面，有助于检验实证结果的可靠性和稳健性。

第四节　创新之处及研究价值

一、创新之处

（一）研究视角的创新

本书以新三板市场不同于主板市场的制度背景为研究契机，以"交易方式选择"为研究视角，一方面，突破了现有文献对交易制度研究的局限性；另一方面，拓展了做市商制度在国内的研究范畴，为做市商制度的研究提供了新颖的研究视角。

（二）研究内容的创新

本书基于当前新三板市场的流动性问题，首先，检验了券商与企业之间的"互选效应"理论，并从"券商声誉"的视角为当前新三板挂牌企业的交易方式选择提供了新的解释；其次，发现了当前做市商制度在提供流动性服务上的局限性，并剖析了其深层次的原因；再次，纳入做市商数量、企业市值、券商声誉这三个指标，检验了当前影响做市商制度流动性效应的其他因素，拓展了做市商行为的研究内容；最后，结合新三板企业退"做市"转"协议"这一特殊现象，深度剖析了影响企业行为的制度动因和微观动因，为企业选择做市转让行为及可能出现的市场后果提供了实践证据。研究内容上分别从企业、券商等多个角度出发，对做市交易的选择和效果进行剖析，突破了原有文献研究从单一视角分析的不足，具有较强的创新意义。

（三）研究设计的创新

已有研究（陈辉，2017；何牧原和张昀，2017；陈辉和顾乃康，2017；郑建明等，2018）探讨了做市商制度的市场效果，但在研究样本区间及指标选择上存在较明显的差异和不足，如何牧原和张昀（2017）主要采用了换手率和成交量来衡量股票的流动性，这一方面导致指标选取存在一定局限性，另一方面其选择的样本区间为2014年7月31日至2014年12月31日，而新三板的市场数据显示，2015年后才有较多的企业陆续由协议转让转为做市转让。因此，新三板企业交易方式转变的滞后性、短期市场的不稳定性，使其样本选择存在偏差，无法正确评价做市商制度的实施效果。陈辉和顾乃康（2017）采用的主要流动性指标为换手率、非零交易天数、交易量和价格冲击，但因为相比协议转让，做市商有持续提供买卖报价的义务，所以非零交易天数和价格冲击指标有一定的制度干扰，应纳入其他流动性指标，从而多维度地评价做市商制度的实施效果。

新三板市场数据的更新、完善和提质，为探讨新三板市场交易机制的研究提供了较完整的数据支撑。因此，本书采用定性研究、定量研究与案例研究相结合的研究方法：一方面，借鉴 Menkveld 和 Wang（2013）、郑建明等（2018）的研究方法，将2014年8月实施的"做市商制度"视为准自然实验，采用双重差分倾向得分匹配法（PSM - DID）克服选择偏差；另一方面，借鉴 Beck 等（2010）的研究方法，采用多期双重差分模型，克服因行情因素带来的样本选择偏差问题。本书实现了研究内容和研究设计的结合，是创新点之一。

二、研究价值

（一）理论价值

弥补了对现有交易机制研究的不足，推动了基于新三板市场的实证研究。通过定量分析识别新三板市场环境下的交易方式选择的动因及影响因素，并研究交易机制市场效应，将为我国多层次资本市场和交易制度的研究提供一个新的重要研究视角。以新三板市场为研究契机，可深入解释市场机制与企业微观行为的内在因果关系，因此，本书弥补了新三板市场环境下交易制度研究的不足，具有重要的理论创新意义。

丰富和拓展了对做市商制度的相关研究，提出了适合我国国情的交易制度发展的研究视角。由于制度和市场的不完备，国内对于做市商制度的理论和实证研究相对滞后。目前，对做市交易选择的动因及可能出现的市场后果，特别是对新三板市场环境下做市商制度的实施效果和影响因素尚缺乏严谨和系统的理论和实证研究。本书突破了国外的相关研究内容和方法，在基于中国国情及当前资本市场环境上，力图在现有文献基础上提出创新性研究思路，为做市商制度研究提供新的视角。

（二）应用价值

引导新三板挂牌企业选择合适的交易方式，提高其市场流动性。较低的准入门槛使新三板挂牌企业呈现出较强的异质性，本书通过分析影响做市商制度流动性效应的因素，旨在为挂牌企业与做市商

"互选效应"提供实证依据，力图实现交易制度更好地服务于资本市场，达到提高市场流动性、提升市场质量的目的。

　　弥补现有制度的缺失与不足，为监管部门提供政策建议。实体经济对金融服务的需求在不同经济发展阶段存在系统性差异（林毅夫、孙希芳和姜烨，2009），结合金融政策（交易机制）与微观企业的特征行为（企业特征、企业治理与股票流动性）的互动研究，不但能为企业的交易行为提供参考，还有助于理解金融政策的适用性与经济后果。本书的研究为交易机制的完善、新三板市场的发展提供了更为全面的参考因素，为宏观政策（金融政策、监管对策）的制定提供了学术支持。

第二章　文献综述

第一节　交易机制与市场微观结构

一、市场交易机制

微观结构理论研究的是确定的交易机制如何影响价格的形成过程，交易机制的目的在于确保价格的稳定性和连续性，通过价格影响，将交易者的潜在需求转换为现实交易。交易机制包含交易场所、市场参与者以及交易规则等，可以把其看作一个交易游戏，参与双方在特定场合（如证券交易所或者可能非实际存在的场所）按照特定规则进行交易活动（O'Hara，1995）。国外学者将证券交易机制划分为报价驱动交易机制及指令驱动交易机制，Madhavan（1992）又将兼具两种交易特性的交易机制称为混合交易机制。因此，目前国际上主要有三种交易机制：第一种是报价驱动交易机制，又称为做市商交易制度，由做市商对股票进行买卖报价，为市场提供流动性；第二种是指令驱动交易机制，又称为竞价交易机制或订单驱动交易机制，竞价交易机制包括集合竞价和连续竞价两种；第三种是混合交易机制。目前，我国主板市场和 NYSE 市场主要采用的是指令驱动交易机制，其主要特征是以集合竞价的方式开始一天的交易，然后在整个交易中采用连续竞价的方式；NASDAQ 市场主要采用以做市商为主的混合交易机制；新三板市场在 2014 年 8 月至 2017 年 12 月采用的是协议转让与报价驱动混合的交易机制，自 2018 年 1 月起，新三板市场主要采用报价驱动与指令驱动交易机制并存的交易制度。

Madhavan（1992）对报价驱动市场（做市商交易）与指令驱动市场（竞价交易）的价格形成过程进行了较为详细的解释。在报价驱动市场上，投资者可以在订单提交之前，从做市商处获得确定的价格以进行报价，不需要等待订单执行，而是立即与做市商进行交易，因此也可视为连续交易商交易，NASDAQ 市场的报价驱动系统即是如此；在指令驱动市场中，交易者通过竞价过程提交订单以供执行，这种指令驱动过程也可以分为两种：连续竞价和集中竞价。连续竞价交易时，订单到达即可执行，价格是由多方竞价决定的；而集合竞价包含订单集合和价格确认两个阶段，交易者的订单先被集中到一起，然后再撮合交易。由于集合竞价交易不能提供连续的订单，所以对需要搜集市场信息的交易者来说意味着更高的交易成本。Madhavan（1992）发现相比指令驱动交易而言，报价驱动交易能够提供更有效的价格。此外，连续竞价交易和集合竞价交易相比，由于连续竞价遇到知情交易者的可能性较大，当市场信息不对称较为严重时，集合竞价交易更能发挥作用，因为订单的集中处理可以使信息更加透明。纽约证券交易所以及中国的深沪证券交易所开盘是采用集合竞价，开盘后全天进入连续竞价模式。由于市场信息不对称问题较为严重，为降低交易风险，目前新三板市场的竞价交易方式主要采用集合竞价。

二、基于指令驱动交易机制的市场微观结构理论

Demsetz（1968）首次提出交易可能会有成本，并将成本分为显性成本（如市场的特性收费）及隐性成本（即时性成本），隐性成本主要是由任一时点上买方和卖方交易的不平衡性造成的。他从时间维度对市场价格进行的研究开创了微观结构理论的先河。由于做市商制度产生于欧美证券市场发展的早期，故而已有的微观结构理论文献，主要是基于做市商交易机制的研究。

随着理论的发展演进，市场微观结构理论主要历经了两个发展阶段，第一个阶段是存货模型阶段。这一阶段的主要观点认为做市商作为市场中介会面临大量的交易者买卖指令，买卖指令之间的不平衡性使得做市商不得不保持一定的股票和现金头寸，这些存货头寸的存在会带来相应的存货成本，而买卖价差就是做市商为控制存货水平所引起的。存货模型主要关注了证券价格形成过程中的影响因素，包括订单流（Garman，1976）、交易成本（Stoll，1978；Ho and Stoll，1981）、做市商竞争（Cohen et al.，1981；Ho and Stoll，1983）等，但该模型并未考察市场中信息因素以及不同交易者的策略选择，因此陆续有学者开始关注信息成本的重要性。第二个阶段是信息模型阶段。这一阶段是根据信息不对称所产生的信息成本来解释证券价格的形成。信息模型研究了信息成本对价格的影响（Bagehot，1971；Glosten and Milgrom，1985）及知情交易者和非知情交易者的交易策略（Copeland and Galai，1983；Kyle，1984；Admati and Pfleiderer，1988）等。

（一）存货模型阶段

存货模型一般认为，存货是决定价差的主要因素，做市商为了获取最大化利润，通过调整价差以保持最优的存货头寸水平。Garman（1976）针对买卖交易的不平衡性，分析了任一时点买方和卖方的交易是如何进行的问题，重点研究了委托订单流在形成证券价格过程中的作用。

Amihud 和 Mendelson（1980）在 Garman 模型的基础上引入了代理商的存货问题。在代理商是风险中性垄断者的前提假设下，他们得出了三个结论：一是最优买卖价格是做市商存货头寸的单调递减函数，当做市商存货头寸较多，成本加大时，则会降低其买卖报价；二是做市商会设定自己的优先存货头寸，当存货偏离了这个优先头寸时，做市商会调整价格以保持最优存货。做市商最优存货头寸问题后来在 Hasbrouck 和 Sofianos（1993）的模型中进行了更为细致的分析；三是最优的买价和卖价之间存在正向的价差，这也与 Garman（1976）的结论相一致。

Stoll（1978）重点研究了决定做市商提供服务的成本，也即交易成本。他提出作为市场参与者或者交易商，做市商通过改变所持有的资产以满足市场上其他交易者的交易需求，交易成本则是为做市商提供服务所进行的必要的价格补偿。特别对于风险厌恶型做市商而言，价格补偿要包含做市商提供服务所承担的风险。买价和卖价的市场价差是价格补偿的来源，反映了做市商的风险成本。Stoll（1978）分析了影响交易成本的主要来源：一是做市商须持有的次优资产组合的存货成本；二是交易中的委托单处理成本，如交易费用、流转税等；三是逆向选择（Adverse Selection）成本，即当做市商与比其掌握股票信息更多的人交易时发生的成本。逆向选择成本也称信息不对称成本，是后来许多学者研究的重点。

在 Stoll（1978）的基础上，Ho 和 Stoll（1981）构建了一个委托订单流和证券组合收益均为随机的多期模型。与 Garman（1976）、Amihud 和 Mendelson（1980）认为的做市商风险中性的特征不同，Ho 和 Stoll 认为做市商对风险的态度经常影响其决策，当时间跨度较大时，做市商要承担的存货或投资组合风险加大，势必需要较大的价差以弥补做市商风险。当交易临近终了时，风险下降，价差也会相应缩小。

Ho 和 Stoll（1983）进一步研究了在一个竞争性做市商模型中的价格确定问题。他们提出，随着做市商的增多，买卖价差会缩小。但由于受内部做市商的交易影响，价差不会缩减至零。当价差缩小时，将会受到其他做市商委托单的引力拉动，并扩大（非零）价差，这种"引力拉动"理论与之前 Cohen、Maier、Schwartz 和 Whitcomb（1981）的研究相一致。

在上述存货模型的分析中，做市商面临交易的不平衡问题，需要随时调整委托单流入和流出的偏差，以降低交易风险、保持最优的存货水平、促进交易的实现。通过存货模型得知，价差源于做市商的买价和卖价，做市商的风险态度、引力拉动等均会通过交易成本影响价差的大小。

（二）信息模型阶段

信息模型阶段是指根据信息不对称所产生的信息成本来解释证券价格形成的阶段。基于信息模型的研究认为，信息不对称是决定价差的主要因素，做市商从订单流中获取信息并调整报价，以降低成本和风险、促进交易。而知情交易者可以根据掌握的信息优势进行交易，当做市商与知情交易者进行交易时，就会面临逆向选择成本，从而影响价差。Bagehot（1971）开创性地研究了信息在市场价格形成中的重要作用，拓展了存货模型中关于交易成本决定市场价格的理念。Bagehot（1971）首次将市场收益和交易收益分开，由于信息成本的存在，一般情况下，投资者的平均收益会低于市场收益。在市场中，拥有更多信息的知情交易者会在股票价格过低时买进，过高时卖出。与做市商必须进行买卖报价不同，这些知情交易者有不进行交易的权利。当做市商遭遇知情交易者时总会吃亏，因此，在与非知情交易者进行交易时，做市商必须设定较大的买卖价差以弥补与知情交易者进行交易的损失。在 Bagehot（1971）的分析中，市场价格的形成不再单纯地由交易成本决定，信息不对称也是影响买卖价差的重要原因。

在此思想基础上，Copeland 和 Galai（1983）首次提出了信息成本（Information Cost）的概念，构建了信息不对称市场下做市商定价的单期模型。该模型发现即使对于风险中性的做市商而言，买卖价差仍然存在，只要市场中存在知情交易者，即使不存在早期存货模型研究中的风险厌恶、存货效应等，价差就不会为零。Copeland 和 Galai（1983）的研究把信息成本正式纳入影响买卖价差的重要因素中，但其分析是基于一个静态的单笔交易模型，而在动态交易市场上，知情交易者的交易行为会反映出其所获取的信息，这为不知情交易者推测出该信息提供了可能。

Glosten 和 Milgrom（1985）在研究中正式提出交易可作为传递信息的"信号"。基于序贯交易模型，他们对独立于外生交易或存货成本的买卖价差有了新的解释，即做市商对资产的未来预期受市场内其他交易者的影响，由此会调整报价改变价差。Glosten 和 Milgrom（1985）的模型同时研究了影响价差的具体因素，包括潜在的信息、知情交易者的数量以及交易者的需求弹性等。在某些情况下，市场内如存在过多的信息不对称，可能导致做市商不得不制定足够大的价差以应对知情交易者，这在一定程度上可能引发交易中止、市场倒闭。该研究为后续学者提供其他替代性市场结构提供了思路。

Easley 和 O'Hara（1987）研究了交易量与价格行为之间的关系。与 Glosten 和 Milgrom 的模型类似，他们采用了连续交易模型进行分析，不同的是 Easley 和 O'Hara 的模型允许采用不同的规模进行交易，交易者可以买进和卖出不同规模的股票或干脆不进行交易。该模型同时假定信息不确定性，即不确定是否有新的信息。因此，Easley 和 O'Hara 的模型中做市商的决策行为涉及交易规模的不确定及新信息的不确定问题。Glosten 和 Milgrom 以及 Easley 和 O'Hara 的连续交易模型为实证研究提供了一个描述交易和信息之间动态关系的分析框架。

（三）策略交易者：知情交易者与不知情交易者

基于信息模型的研究，较多学者从知情交易者和不知情交易者视角进行了策略模型研究。Kyle（1984，1985）第一个提出了基于信息方面的策略模型，研究了多个知情交易者对市场行为的影响，在其模型中，风险中性的知情交易者能够利用私人信息调整策略，以求利润最大化。基于 Kyle（1984）的模型，Subrahmanyam（1991）提出对于风险厌恶型做市商而言，市场知情交易者的数量增加会降低市场流动性。随后 Holden 和 Subrahmanyam（1992）以及 Foster 和 Viswanathan（1993）也在此基础上对多个知情交易者的价格策略调整进行了拓展研究。基于知情交易者的策略模型发现，知情交易者可能伪装成不知情交易者在市场上进行交易，从而增加了市场交易风险，降低了流动性。

Admati 和 Pfleiderer（1988，1989）在模型中分析了不知情交易

者的策略行为，重点研究了一个交易日内不知情交易者的交易时间决策。Foster 和 Viswanathan（1990）则研究了多个交易日内公共信息和私人信息对不知情交易者日际策略的影响。Seppi（1990）着重考察了不知情交易者进行大额交易和零散交易决策的影响因素。Spiegel 和 Subrahmanyam（1992）从套期保值角度切入，专门研究了风险厌恶不知情交易者的交易策略。基于不知情交易者的研究多认为，市场上聪明的不知情交易者会根据交易信息调整交易策略以降低交易风险。

市场微观结构理论的研究不但深入解释了价格和市场的行为，而且对制定市场规则、设计交易机制具有重要意义（杨之曙，1999）。以上文献研究为合理解释做市商行为及做市商制度下的价格形成机制提供了较好的理论基础，进一步引发了对市场效率的探讨。

第二节　流动性相关理论与发展

在以往的文献中，流动性是市场行为的一个重要决定因素，Amihud 和 Mendelson（1987）认为，流动性是市场的一切。流动性的变化也反映出市场内部及市场间的差异，一个流动性较好的市场，通常具有较好的市场活力，能够提供交易且对价格的影响较小。

Grossman 和 Miller（1988）基于时间序列维度构建了一个三期存货模型，以关注做市商交易的跨期行为对流动性的影响，研究了流动性作为"即时性价格"的作用。他们发现愿意提供即时性的做市商人数越多，市场的流动性越好。Pagano（1989）提出了横向度量流动性的方法，将流动性视为交易规模的增函数，研究了跨市场流动性的影响因素。他发现拥有较多交易者的市场流动性更好，Pagano 提出如果交易者预测两个市场上交易者人数不等，则会倾向于在更大规模的市场上进行交易；如果市场从一开始就不同，则大市场会吸引更多的交易者，因此总有一个市场处于主导地位，所以两个市场的均衡很难存在。Chowdhry 和 Nanda（1991）研究了在信息不对称的情况下，拥有信息优势的交易者如何通过选择交易地点来影响市场流动性。当一个市场上，做市商对市场披露自己的交易价格，如果知情交易者拥有的信息优势减少，则不愿意在这样的市场上进行交易。如果一个市场上知情交易者越少，信息不对称程度越低，则越有利于做市商定价，市场流动性也越好。以上文献分析了市场结构、做市商行为和流动性之间的关系，为以后有关流动性的影响因素及市场表现的研究提供了良好的理论基础。

在流动性的市场表现方面，Kyle（1985）将流动性归纳为紧度、深度和弹性。紧度是指交易价格偏离中间价格的程度，是交易成本的一种反映。一般用买卖价差来衡量，价差越小，市场价格偏离的程度越低，紧度越好；深度是当前价格水平下的可交易股票数，交易量可作为衡量深度的直接指标，换手率可作为修正交易规模偏差的更有效的深度指标；弹性是价格偏离后的调整速度。

国内也有较多学者对股票流动性问题进行了研究。孙培源和施东晖（2002）基于上海证券交易所的上市企业样本，采用买卖价差作为流动性的主要度量指标分析发现，上海股市的买卖价差总体要低于纽约、香港等成熟证券市场，因此得出竞价交易机制（委托单驱动）比较适合上海证券交易所的观点。苏冬蔚和麦元勋（2004）主要研究了我国股市流动性与资产定价之间的关系，发现资产价格存在显著的流动性溢价，而这些溢价主要是由于交易成本产生的。张峥等（2014）利用中国股市交易数据，以买卖价差为直接度量指标来考察间接指标的适用性，经检验发现，收盘前报价价差及有效价差更适合作为中国股票市场流动性的间接度量指标。在新三板市场相关研究方面，部分学者研究了做市商制度对新三板股票流动性的影响，但由于样本选择和指标度量的局限性，尚未有统一的结论。笔者及其团队（2018）通过对新三板做市企业退出做市转让后的流动性进行分析，发现在退出做市转让后，股票交易规模有显著的提升。此外，笔者及其团队（2018，2019）分别从新三板市场稳定性、分层政策市场效应等视角对相关问题进行了分析，其中，笔者及其团队（2019）通过分析新三板分层标准对股票流动性的影响发现，做市商制度并未得到新三板市场投资者的广泛认同。

关于流动性的研究多认为，一个流动性较好的市场通常意味着价格波动较小、交易具有连续性和及时性。大部分做市商有利于提升市场流动性，而大部分投资者则会给市场带来集聚效应。市场上信息越不透明，越不利于做市商定价，市场的流动性也会越差。

第三节 交易机制与流动性分析

一、做市商制度与流动性

关于做市商制度的国内研究在早期主要以定性分析、制度讨论为主。杨之曙和王丽岩（2000）肯定了做市商制度在保持市场稳定性和流动性方面的重要作用，通过分析 NASDAQ 市场做市商制度，结合我国市场现状，首次提出了应在我国二板市场引入做市商制度的建议。金永军等（2010）通过梳理做市商制度的演变趋势，提出了我国债券市场应借鉴纯准做市商制度，完善交易者之间的做市商体系，适时推出准做市商体系。交易制度课题组（2016）着重分析了 NYSE 市场上的指定做市商制度，结合我国市场现状，他们认为指定做市商制度在我国资本市场上实施难度较大，存在不确定性。基于银行间债券市场的做市商制度的实证研究部分，张瀛（2007）分析了银行间债券市场做市商制度、风险波动等对债券流动性的影响，发现虽然竞争性做市商制度降低了报价价差，但垄断性做市商制度更适合债券市场。马永波和郭牧炫（2016）对银行间债券市场做市商制度的研究认为，做市商在债券市场上提供的流动性整体不足，只有五大行在稳定市场上发挥了一定作用。2017 年以来，陆续有学者为新三板市场交易机制及股票流动性研究提供了实证证据。陈辉和顾乃康（2017）认为做市商制度对新三板股票流动性有正面影响，而何牧原和张昀（2017）则认为做市商制度短期内并未带来显著的流动性提升。郑建明等（2018）发现了做市商制度并未显著提升股票的流动性，出现了"流动性悖论"。

　　国外学者近几年对做市商制度的研究主要侧重于做市商的行为特征（Theissen et al.，2013；Chung and Chuwonganant，2014）以及对股票市场的影响作用（Menkveld and Wang，2013；Egginton，2014）。较多学者研究指定做市商引入对股票市场的影响（Adam et al.，2017），Venkataraman 和 Waisburd（2007）、Anand 等（2009）、Skjeltorp 和 Odegaard（2015）分别研究了指定做市商的引入对巴黎泛欧证券交易所、斯德哥尔摩证券交易所、奥斯陆证券交易所的影响，他们认为流动性的改善与引入和指定做市商有关，Anand 和 Venkataraman（2016）根据多伦多证券交易所的审计跟踪数据发现，当市场条件不景气时，做市商的做市情况会出现一致性，指定做市商的引入会缓解由于做市商的同步操作所产生的周期性的非流动性。他们认为强加限制做市商最高报价服务的机制，不管是对大盘股还是小盘股均会减轻不利行情下的失败情况，证实了指定做市商的引入会提升一些股票的流动性和企业价值。Bessembinder 等（2015）以信息摩擦为研究视角，认为主要的交易成本是信息不对称，与指定做市商签订契约可以减少成本、增加交易量，指定做市商有义务缩小买卖价差，阻止市场失灵，提高资源配置效率，并增加企业的价值和福利。Adam 等（2017）也发现了在极端市场条件下，指定做市商对流动性所起到的作用。

（一）正面效应

早期的微观结构模型将提供流动性作为做市商的重要职能。部分学者认为，做市商制度的引入能显著促进股票交易，提高市场质量（Venkataraman and Waisburd，2007；Bessembinder et al.，2015；Egginton，2014）。市场微观结构理论认为，评价交易制度的主要指标是流动性和有效性。在市场流动性方面，当交易量很低或者存在较严重的逆向选择问题时，做市商的出现可以增强市场流动性（Grossman and Miller，1988；Glosten，1989），Bessembinder 等（2015）以信息摩擦为研究视角，认为做市商主要承担的流动性成本来源于信息不对称，他们发现指定做市商可以降低这种成本并提高交易量；在市场有效性方面，由于做市商能够了解市场限价汇总信息，因此，其相比普通投资者更能把握市场交易活动的变动趋势。此外，Jain（2003）通过比较 51 家证券交易所的交易机制和市场特征，分析了不同证券市场的制度特征对收盘买卖价差、波动性以及周转率等流动性的影响，认为在指定做市商制度和混合交易机制下，买卖价差更低。Adam 等（2017）以技术故障导致美国两个交易市场停牌作为外生事件研究发现，当市场上指定做市商发生变化时，市场的流动性会降低，指定做市商即使只有较少的合约限制，也能显著提高交易市场的流动性。

（二）负面效应

与此同时，做市商的违规行为有可能会破坏市场的公平有序。Hasbrouck 和 Sofianos（1993）发现在 NYSE 市场上专家会利用信息优势获取短期收益。但 Garfinkel 和 Nimalendran（2003）则认为专家和经纪人之间的独特关系会使信息不对称程度减少，他们通过分析 NYSE 市场和 NASAQ 市场上内幕交易者的价差变化，评估了专家应对内幕交易的反应和调整能力，结果发现 NYSE 市场上的专家相比 NASDAQ 市场上的做市商更能减少信息不对称。Heidle 和 Huang（2002）、Fishe 和 Robe（2004）也支持这个结论。Christie 和 Schultz（1994）发现了在他们选择的 NASDAQ 市场的样本中有 1/3 的样本有 1/8 的奇数倍报价，而其余 2/3 样本中的报价完全避开了 1/8 的奇数倍。他们用基于成本的计量模型的失效来解释价格的双峰分布，支持了隐性合谋假说（Implicit – collusion Hypothesis）。Godek（1996）认为 Christie 和 Schultz 的研究低估了优先交易（Preference Trading）这一制度因素对报价价差的重要影响，因为实际上所有的做市商都是"优先交易者"，即他们事先可以以最好的价格执行订单，Godek 认为优先交易的存在使做市商缺乏缩小买卖价差的动力，不利于吸引交易。

（三）其他影响

交易成本理论认为产生交易成本的原因之一是少数交易（Small Numbers），因此，交易成本是由市场参与者之间的竞争程度决定的，

较低的交易成本会引发更多的交易活动。Goldstein 和 Nelling
（1999）研究了纳斯达克股票市场的做市商数量、交易活动和价格改
善之间的关系，发现做市商数量与交易频率呈正相关，做市商之间
的竞争有效地降低了买卖价差。因此，当市场上做市商数量较多时，
各做市商面临的竞争压力偏大，能够有效地约束做市商报价差额的
偏离程度。Wahal（1997）发现做市商的数量与交易量、收益波动
和买卖价差息息相关，大规模做市商的进入（退出）会影响之前的
安全状态。Weston（2000）认为做市商的数量与报价价差、收益波
动负相关，与股票交易量、交易额呈显著正相关。Schultz（2003）
认为做市商在某只股票上具有信息优势则更有可能为其做市。
Chowdhry 和 Nanda（1991）的研究也证明信息不对称是影响做市商
做市行为及效果的重要因素。Chung 和 Chuwonganant（2014）发现
当做市商的业务覆盖整个股票市场时，参与较多股票的做市商，拥
有更大的市场份额，也因为规模经济效益，做市商更易生存。他们
同时发现，有竞争力的报价能吸引更多的订单流，占据较大的市场
份额。Kedia 和 Zhou（2011）则提出做市商所处的地理位置会影响
其做市活动及所做市股票的交易成本，当地做市商在减少交易成本
上具有信息优势。

　　以上研究发现，做市商作为流动性提供者能够发挥稳定市场、
增加流动性的作用，但是专家（指定做市商）更能减少市场信息不
对称的程度。相比专家做市商制度而言，竞争性做市商因为没有强
加的义务和最高报价限制，在垄断情况下有可能存在"合谋"行
为，从而损害市场流动性。有较多因素会影响做市商的做市效果，
企业拥有的做市商数量越多，越有利于做市；信息不对称程度也会
影响做市商的做市行为及效果，做市商越有信息优势、做市业务范
围越广，其交易成本越低，越有利于做市；做市商所处的地理位置

也可能影响其交易成本和做市活动。新三板市场尚处于各项制度不断完善、市场交易者不足等的初级发展阶段，存在较严重的信息不对称，那么企业拥有较多的做市商和高声誉做市商，以及高质量企业是否会在一定程度上降低信息不对称，进而有助于做市商提升股票流动性呢？这是值得探讨的重要问题。

二、不同交易机制间的流动性比较

从前文分析得知，做市商以流动性提供者的身份被引入资本市场中，通过做市商之间的竞争为股票提供买卖报价服务。但也有文献发现，市场交易机制的改变有助于提升股价（Amihud and Mendelson，1997）。国外较多文献对交易机制的改变对证券市场的影响进行了研究。

现有交易机制间流动性比较的文献多聚焦于集合竞价交易制度、连续竞价交易制度以及做市商交易制度之间的分析。Pagano 和 Roell（1992）的研究显示交易成本在集合竞价模式下最低，在做市商制度下最高。Pagano 和 Roell（1996）将信息透明度作为不同交易机制下的主要差异，他们佐证了这个结论，在做市商制度市场上，非知情交易者的交易成本是最高的。Madhavan（1992）通过比较集合竞价、连续竞价和做市商市场发现，在存在严重信息不对称的情况下，集合竞价相对来讲更为稳定。Theissen（2000）通过对 18 个市场进行比较，研究了集合竞价（Call Auction）、连续竞价（Continuous Auction）以及做市商市场（Dealer Market），其发现集合竞价市场、连续竞价市场的价格相比做市商市场更有效，集合竞价与连续竞价市场的交易价格相比做市交易市场更接近资产的真实价值。此外，Christie 和 Huang（1994）研究了企业由 NASDAQ 市场到 NYSE 或美国证券交易所（American Stock Exchange，AMEX）市场的交易成本变化，NYSE 和 AMEX 使用的是"竞价 + 专家"的交易机制，NAS-DAQ 市场实行的是做市商制度。他们发现 1990 年股票从 NASDAQ 市场转移到 NYSE 市场后，平均交易成本降低，且流动性较低的股票会更加受益。他们的研究同时发现，专家交易制度能为交易规模小的股票提供更好的服务，交易规模小且价差较大的股票通过改变交易地点能够带来更多的流动性收益。

因协议转让更适合场外交易市场，所以目前相关研究文献较少。通过交易机制对比研究发现，做市商制度相比竞价交易制度，存在一定的局限性。在信息严重不对称的市场上，集合竞价相对来说更有效。因为 NYSE 市场特殊的交易机制，使其专家做市商制度在一定程度上能够降低信息不对称。因此，做市商制度并非最优的交易机制，新三板市场尚处于快速发展阶段，做市商制度在新三板市场的实施，能否匹配当前的市场发展程度，是值得探讨的重要问题。

第四节　声誉理论、金融中介声誉与资本市场

前文研究发现，信息不对称会影响做市商做市行为与做市效果。当市场上信息不对称程度较高时，做市商遭遇知情交易者的概率增加，进而交易风险也较大。做市商作为重要的金融中介机构，一方面，确认了其能够促进买卖双方交易，提供流动性；另一方面，值得探讨的是较好声誉的做市商能否利用专业优势降低市场信息不对称，发挥连接企业与投资者之间的"桥梁"作用，进而更好地进行做市转让呢？此节先是梳理了声誉作为"无形资产"，对企业的正

向影响作用，接着，通过分析了金融中介声誉在降低信息不对称、为企业提供担保等方面的作用，为本书研究新三板市场做市商行为提供了文献依据。

一、声誉理论及其影响

作为一种非正式制度，声誉（Reputation）是维持市场公平有序运行的重要补充。Fombrun（1996）将声誉定义为一家企业过去的行为和未来前景的感知表现，它描述了企业对其所有关键组成部分的整体吸引力。Podolny 和 Phillips（1996）提出了好的声誉是由企业以前努力的价值（或质量）决定的。早期关于代理人市场的研究认为声誉作为隐形激励机制，能起到激励代理人的作用（Fama，1980；Holmstrom，1982）。基于企业视角的声誉理论认为，声誉作为一种可交易的资产，是一种长期存在的无形资本，能够给企业带来未来收益。良好的企业声誉对拥有它的企业具有战略价值（Dierickx and Cool，1989；Rumelt，2005；Weigelt and Camerer，1988）。Kreps 和 Wilson（1982）提出了经典的 KMRW 声誉模型，他们指出在不完全信息条件下，有限次的重复博弈（企业销售产品、雇佣员工、合同谈判）会导致参与者的合作行为，同时指出在完全信息条件下的有限重复博弈不会导致合作行为，但加入了不完全信息条件后，参与者会扮演一种"强硬"或"仁慈"的形象，从而产生直观的"声誉效应"。Tadelis（1999）建立了一个将企业名称作为唯一资产的模型，总结了企业的声誉，以及使企业名称成为有价值的可交易资产的动因。Tadelis 的模型解释了两种声誉机制效应，一种是声誉维护效应，他认为好的企业更看重自己的名声，因为他需要维护自身声誉；另一种是声誉启动效应，即好的企业更容易建立自己的声誉，因此它们对自己声誉的估计不如坏企业，因为坏企业更难建立自身声誉。

此外，部分学者基于实证分析对声誉的治理效应进行了检验。根据资源观理论，拥有有价值和稀有资产的企业更具有竞争优势。那些资产难以被模仿的企业可能会获得持续的、卓越的财务业绩（Barney，1991；Grant，1991）。因此，无形资产（如良好声誉）因其潜力而至关重要。Roberts 和 Dowling（2002）首次检验了企业声誉和持续性财务业绩之间的关系，提出了具有良好声誉的企业能够在一段时间内保持较高的利润的结论。Brammer 和 Pavelin（2006）利用大型企业的样本数据，构建了一个企业声誉模型，发现声誉是由企业的社会绩效、财务绩效、市场风险、业务活动性质等决定的。但是，企业需要在其所承担的社会绩效类型和企业的利益相关者所处的环境之间实现"匹配"，这是因为环境绩效的良好记录可能会提高或损害声誉，这些结果取决于企业的活动是否符合利益相关者所认同的环境。也有学者将这一研究拓展至企业社会责任，Lai 等（2010）发现企业社会责任和企业声誉对产业品牌和品牌绩效均有积极影响。

在上述经典声誉理论的研究中，声誉作为企业的一种无形资产，能给企业带来预期收益，当在信息不完全对称的情况下，"声誉效应"就会存在。基于声誉与企业关系的实证研究多数表明，声誉作为企业的一种竞争优势，能对企业绩效及未来发展起到积极影响。

二、金融中介声誉与资本市场

较多的学者研究了金融中介声誉在证券市场中的作用及影响。新金融中介理论认为，金融中介可利用专业资源获取有用信息，并利用信息的规模效应用更低的成本来提供服务，进而增加信息透明度、降低交易成本、实现资源优化配置。在中国资本市场上，金融中介主要有商业银行、证券企业、保险企业以及其他信息提供者（如分析师等），它们的功能主要包括：信用中介、支付中介、提供金融服务等，其中，充当信用中介的金融中介主要通过间接融资方式实现借贷双方的资金流动；金融中介提供金融服务时，能够降低资金供需双方的信息搜集成本、减少他们之间的信息不对称程度，降低道德风险。一般而言，拥有高声誉信息中介的企业，其财务情况会更好，会有较高质量的会计信息，投资者的违约风险和信用风险也会更低（魏明海等，2017）。

（一）承销商声誉的相关研究

Logue（1973）、Beatty 和 Ritter（1986）、Titman 和 Trueman（1986）、Maksimovic 和 Unal（1993）等陆续研究了承销商声誉对首次公开发行（Initial Public Offerings，IPO）的初始表现的影响。Logue（1973）、Beatty 和 Ritter（1986）提出了承销商声誉的衡量标准。在以往研究的基础上，Carter 和 Manaster（1990）提出了用承销商进行股票发行时在"墓碑"公告中的相对位置来作为承销商声誉的代理变量，被称作 Carter – Manaster（CM）排名。Megginson 和 Weiss（1991）使用承销商的相对市场份额作为其声誉的代理变量，发现这种度量结果和 CM 排名之间存在高度相关性。

Carter 和 Manaster（1990）的研究结果表明，拥有更多知情投资者的企业，其 IPO 需要更多的收益，市场承销商的声誉反映了"知情"活动的期望水平，有声望的承销商与低风险的发行相关联，当风险越小时，获取信息的动机就越小，知情投资者也会越少，因此，知名承销商与低回报的 IPO 相关。Carter 等（1998）首次研究了承销商声誉与初始回报和企业 IPO 长期表现之间的关系。发现由知名承销商进行 IPO 的企业，其三年期 IPO 股票表现不佳的状况并不严重，声誉较高的承销商会缩短企业 IPO 后抑价期。Fang（2005）通过分析投资银行声誉和承销服务的价格和质量的关系，发现信誉良好的投资银行会获取较低的收益率，但收取的费用较高，发行人的净收益较高。

刘江会等（2005）检验了我国资本市场上承销商声誉与 IPO 企业质量之间的关系，研究发现与国外发达资本市场不同，我国资本市场上承销商声誉与 IPO 企业质量并非呈正向关系，这说明了我国证券市场存在严重信息不对称、投资者逆向选择、劣质企业混杂的现象，导致了承销商"信息生产"和"认证中介"职能的缺失。郭泓和赵震宇（2006）以沪深两市上市企业为样本，研究了承销商声誉对企业 IPO 定价、初始回报及长期回报的影响。该研究发现承销商声誉对 IPO 定价、初始回报并无显著影响，但承销商声誉越高，IPO 企业的长期回报也越高。他们总结了两条承销商声誉可能影响 IPO 定价的潜在解释：一是由于承销商声誉能够缓解发行企业和投资者之间的信息不对称问题，因此承销商声誉与企业 IPO 折价呈负相关关系；二是在承销商利益和发行企业利益相一致的情况下，折价发行既有利于投资者，又可降低承销商工作成本，因此有可能是承销商偏好折价发行的原因。

现有文献多数从"信息生产"和"认证中介"两个路径来解释承销商声誉在资本市场上发挥的作用，基于信息视角的研究认为，承销商可以利用自身专业优势和信息优势来降低信息不对称；Dong 等（2011）发现，承销商声誉的高低也会导致其在降低信息不对称问题时存在差异。基于认证中介视角的研究（Booth and Smith，1986；Chemmanur and Fulghieri，1994）认为，承销商作为独立于企业和投资者之间的第三方，能够为 IPO 企业提供担保，证明企业在 IPO 时的发行价格能反映出企业价值及投资价值，因此，承销商声誉越好，他所认证的信息可信度越高；但承销商声誉的作用因市场环境、利益操纵等问题有可能会存在差异。

（二）其他金融中介机构的相关研究

由于缺乏关于企业的可靠和充分的信息，外部投资者往往依赖于其他金融中介来作为企业自身质量的证明者。例如，审计师、投资银行和风险投资（Veuture Capital，VC）。大量文献证明金融中介的声誉对上市企业会产生短期或长期影响。

关于审计师声誉的影响，多集中于高质量审计师对企业 IPO、审计质量以及企业盈余管理的影响。Beatty（1989）通过研究审计师声誉与企业 IPO 定价之间的关系问题，证明了审计师声誉和 IPO 初始收益之间存在负相关关系。Menon 和 Williams（1991）研究了审计师声誉对企业公开发行股票的影响，发现在公开发行股票前进行审计师变更的企业中，拥有著名投资银行家的企业更有可能将本地审计师变更为更可靠的注册会计师。Kanagaretnam 等（2010）利用跨国银行数据研究了审计师声誉与银行盈余管理之间的关系，发现审计类型及审计行业专业化均对银行收益管理有显著影响。Skinner 和 Srinivasan（2012）利用日本会计欺诈案例，认为在诉讼不起作用的情况下，审计师声誉对审计质量的影响十分重大。Hurley 和 Mayhew（2019）采用实验法调查了引入高质量审计师对审计质量竞争及审计质量管理的影响，检验了审计市场对高质量审计师的反应。Li 和 Ma（2018）检验了审计师声誉对审计费用与会计错报之间关系的调节作用，发现在中国市场上错报与审计费用之间的负相关关系会随着审计声誉的下降而减弱。

也有文献研究了分析师、风险投资企业等金融中介机构声誉对企业的影响。Stickel（1992）通过对全美国研究团队中的机构投资分析师进行收益预测与绩效的研究，发现这些声誉好的分析师能够提供更加准确的收益预测，机构投资证券分析师相比其他分析师在选股、盈利预测、书面报告和整体服务等方面更能发挥有效作用。Krishnan 等（2011）研究了风险投资声誉对 IPO 长期绩效的影响。Nahata（2008）基于私营企业样本，研究了风险投资企业声誉对私营企业绩效的影响，发现企业由信誉更高的风险投资企业进行 IPO 资本化股份，有可能更快地上市，并在 IPO 时具有更高的资产生产率。

通过梳理以上文献，我们发现国内外文献均把金融中介机构视为缓解信息不对称的有效途径。一方面，高声誉金融中介能为投资者提供更加准确的企业信息，减少交易风险；另一方面，高声誉金融中介能起到为企业提供担保的作用，增加市场对企业行为的认可度。

本章小结

本章主要对交易机制、市场微观结构理论等相关研究进行了综述，并结合本书内容，进一步分析了流动性理论与发展、交易机制及市场效率、声誉理论与金融中介声誉等问题。总结如下：

市场微观结构理论研究的是交易机制如何确保价格的稳定性、持续性，以及其如何影响价格的形成过程。根据市场不同的发展阶段，主要有报价驱动交易机制与指令驱动交易机制。较多的文献基于报价驱动交易机制（做市商）制度研究了价格形成过程中的影响因素，在价格形成过程中分为存货模型阶段和信息模型阶段。存货模型阶段发现了存货成本是影响做市商价差的重要因素，信息模型阶段主要是基于市场的信息不对称的问题，认为价差主要是做市商为了弥补遭遇知情交易者可能产生的损失所设定的。

流动性相关文献认为，市场上知情交易者越少，信息不对称程度越低，越有利于做市商定价；做市商人数越多，市场价格越接近股票真实价格，流动性越好。但做市商行为也会影响股票的流动性，作为流动性提供者的做市商能稳定市场，则有利于股票交易，但做市商的违规行为也可能使其流动性功能受限。通过对各资本市场交易机制流动性进行比较，发现做市商制度具有较强的稳定性，做市交易下市场的成本也相对较低，但也有较多的文献发现竞价交易制度下的集合竞价能在较大程度上降低信息不对称，在低流动市场上具有更低的交易成本和交易风险。

有关声誉理论和金融中介声誉的相关文献认为，作为专业的信息生产者，金融中介能够降低投资者和企业之间的信息不对称程度，实现资源的有效配置。结合前文市场微观结构理论相关分析，金融中介能在一定程度上提升市场流动性。金融中介声誉越高，其提供的信息质量越高，越能更好地发挥传递信息和认证中介的功能。

第三章　新三板市场制度背景及交易机制概述

第一节　新三板市场制度背景

一、多层次资本市场概述

2003 年之前，我国企业融资主要以向银行借款等间接融资为主，间接融资占比达 80% 以上。在间接融资形式下，由于中小企业存在着较为普遍的信息不对称和代理人问题，因此信贷市场普遍存在信贷歧视现象，中小企业相比大企业受到较强的融资约束。为拓展企业融资渠道，2003 年 10 月，党的十六届三中全会首次提出"建立多层次资本市场体系"。经过十几年的发展，我国多层次资本市场体系已初步建立。

对企业而言，我国的多层次资本市场总体上可以划分为股权市场和债权市场。其中，债权市场主要以银行间市场为主，辅以交易所市场和机构间私募产品报价与服务系统。多层次股权市场可以划分为四个层次：主板（中小板）—创业板—新三板—区域性股权交易市场。这些市场根据上市条件、市场资金容量等标准，形成了自上而下的金字塔结构。多层次股权市场按照是否在证券交易所内进行交易可进一步划分为场内市场和场外市场。我国主要的证券交易所是上海证券交易所和深圳证券交易所，符合主板、中小板、创业板首次公开募股条件的企业可在这两个交易所内进行场内挂牌交易。2015 年，证监会将中小企业股权转让系统定位于仅次于深圳证券交易所和上海证券交易所的第三大交易所，所以在新三板内挂牌交易的企业也可视为场内交易①。我国股权场外交易市场尚处于起步阶段，资本存量较小，因此目前理论界和实务界的关注重点集中于场内市场。

二、新三板发展历程与概况

新三板的"前世"是老三板，老三板当时主要承接全国证券交易自动报价系统（Securities Trading Automated Quotations System, STAQ）、NET 系统（National Exchange and Trading System），由中国证券交易系统有限公司设计挂牌企业和当时从沪深两市退市企业的企业股权转让。为了解决老三板交易冷淡的局面，响应国家大力扶持高新技术企业的战略，2006 年新的股份转让系统在北京中关村科技园正式建立，也即新三板。2012 年、2013 年经国务院批准，新三板由中关村一个试点逐渐扩展至全国，完成了两次扩容，扩容后的新三板成为主板市场的重要补充。符合上市条件的中小微企业均可

① 场内交易市场还包括新设立的科创板板块。2018 年 11 月，国家主席习近平宣布在上海证券交易所设立独立于现有主板市场的科创板，并作为注册制试点。这是丰富和完善我国多层次资本市场体系、增强市场包容性和服务功能的重大举措。

在新三板挂牌。新三板的发展，给中小微企业实现快速融资和财富增值提供了更多机会。

相比主板、中小板和创业板①，新三板的挂牌条件较低。在新三板扩容之初，除了对拟挂牌企业的合规性要求，仅对企业存续期、主办券商督导做了相关规定，包括依法设立且存续满两年、业务明确，具有持续经营能力、企业治理机制健全，合法规范经营、股权明晰，股票发行和转让行为合法合规，主办券商推荐并持续督导，全国股份转让系统企业要求的其他条件。早期准入门槛较低，挂牌企业激增，使得在较短时间内新三板市场形成了海量市场规模。在已有的挂牌标准基础上，新三板市场逐渐开始调整准入门槛，2017年11月1日，新修订的《全国中小企业股份转让系统股票挂牌条件适用基本标准指引（试行）》（以下简称《指引》）正式实施，新《指引》对拟挂牌企业的"营运记录""持续经营能力"的标准进行了细化②，完善了"企业治理机制健全"（包括企业应建立的治理制度、企业"董监高"人员的任职资格限制）的适用标准、细化了"企业财务规范"的标准要求。

虽经过一系列的调整，但新三板挂牌标准仍远低于主板、中小板和创业板市场，较大的市场包容性使得新三板聚集了大量的创新型、创业型、成长型的中小微企业，企业的异质性特征明显。截至2018年12月31日，新三板市场挂牌企业数量为10691家，其中，做市转让企业1086家，竞价转让企业9605家（见图3－1）。

---

① 在主板上市的企业一般是大型且盈利能力强的成熟类企业，其IPO需要满足五个基本条件：存续期、盈利能力、现金流、净资产和股本总额。中小板上市标准与主板一致。创业板上市标准主要规定了企业的存续期、盈利能力、净资产、股本总额以及营收增长率，总体上创业板对申请IPO企业的财务指标要求稍低于主板及中小板，但新增了成长性指标条件，更关注企业的成长能力。

② 企业需有持续经营记录、两年内累计不低于1000万元的营业收入（因研发周期影响导致营业收入低于该标准的，但最近一期末净资产不少于3000万元的除外）、报告期末股本不少于500万元、报告期末净资产不低于1元/股等。

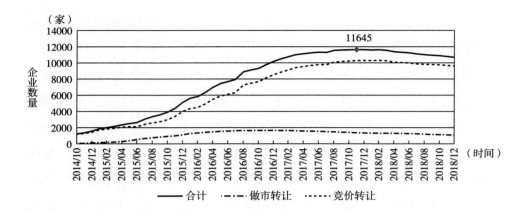

图 3 - 1　新三板市场挂牌企业数量走势

数据来源：Wind 数据库。

如图 3 - 1 所示，新三板挂牌企业的数量在 2014 年实现二次扩容后呈现出较强的增长幅度，在 2017 年 11 月增长至 11645 家。股转系统挂牌标准调整后，这一规模出现了少量缩减。统计新三板挂牌企业行业分布时发现，挂牌企业主要分布在工业、信息技术和非日常消费品行业。其中，大多数做市转让企业中分布在信息技术类行业（见图 3 - 2）。

三、新三板市场主要制度的发展

新三板市场扩容后，于 2014 年 8 月正式引入做市商制度，提出了挂牌企业可以自主选择做市转让与协议转让这两种交易方式。2015 年 3 月，全国中小企业股份转让系统（以下简称股转系统）发布指数行情，综合考虑了市值及股票的流动性，推出的首批指数为：全国中小企业股份转让系统成份指数（简称：三板成指，指数代码：899001）和全国中小企业股份转让系统做市成份指数（简称：三板

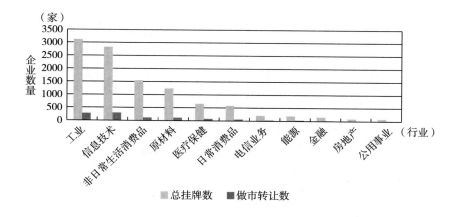

图 3－2　新三板企业所属行业统计

数据来源：Wind 数据库。

做市，指数代码：899002）。2016 年 6 月，新三板响应"十三五"规划关于"深化新三板改革"的号召，实行分层制度，根据挂牌企业的盈利能力、成长能力和融资能力这三套差异化分层标准①，企业可进入创新层和基础层，新三板市场开始实行差异化管理和监管。为了使进入创新层的企业进一步在合规性、企业治理等方面加以完善，股转系统同时就创新层挂牌企业设置了维持标准，规定了强制调整的情形，此后每年须启动分层调整工作。2016 年 10 月，股转系统发布《全国中小企业股份转让系统挂牌公司股票终止挂牌实施细则（征求意见稿）》，明晰了强制终止挂牌的 11 种情形，包括未能披露信息报告、披露信息不可信、重大违法、欺诈挂牌、无主办券

① 2016 年 5 月 27 日，《全国中小企业股份转让系统挂牌公司分层管理办法（试行）》（已废止）公布了进入创新层的三个方案：一是最近两年连续盈利，且年平均净利润不少于 2000 万元（以扣除非经常性损益前后孰低者为计算依据）；最近两年加权平均净资产收益率平均不低于 10%（以扣除非经常性损益前后孰低者为计算依据）。二是最近两年营业收入连续增长，且年均复合增长率不低于 50%；最近两年营业收入平均不低于 4000 万元；股本不少于 2000 万股。三是最近有成交的 60 个做市转让日的平均市值不少于 6 亿元；最近一年年末股东权益不少于 5000 万元；做市商家数不少于 6 家；合格投资者不少于 50 人。

商督导等。2017 年 5 月，股转系统再次启动分层调整工作，同年 5 月 30 日，股转系统发布 2017 年进入创新层的企业名单，有部分 2016 年进入创新层的企业被调整出名单，此次进入创新层的挂牌企业共 1393 家。2017 年 12 月，新三板市场同时修改了分层管理办法、改革市场交易制度、信息披露细则。在分层管理办法上，为进一步增加分层的区分度和集中度，优化了创新层的准入标准及维持标准。为更好地结合分层制度实行差异化管理，此次制度改革推出了创新层、基础层信息的披露指引，对不同层级的挂牌企业实施差异化信息披露标准。2018 年 1 月 15 日，新三板正式告别协议转让，原协议板块企业全部转为集合竞价交易。新三板市场制度的陆续推出，一方面，结合中国多层次资本市场背景，可使新三板发挥有异于主板、中小板、创业板的市场功能，新三板兼具包容性和成长性，可为众多成长型中小微企业提供融资平台；另一方面，逐渐完善市场发展中的不足和缺陷，促使市场交易机制不断改进与发展，使其面对质量参差不齐的挂牌企业，能够进行差异化管理，实现市场资源的优化配置（见图 3 - 3）。

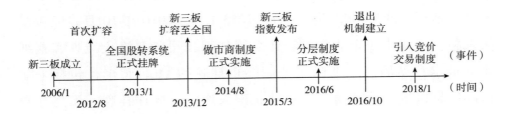

图 3 - 3　新三板市场的发展历程

资料来源：全国中小企业股份转让系统相关规章制度。

第二节　新三板交易机制的变革及对比

一、市场交易制度的改革

新三板市场的发展和成长，为实现中小企业又好又快发展的战略任务提供了直接的渠道和平台支持。《全国中小企业股份转让系统业务规则（试行）》中规定，"股票转让可以采取协议方式、做市方式、竞价方式或其他中国证监会批准的转让方式。经全国股份转让系统企业同意，挂牌股票可以转换转让方式"。合理的交易制度是新三板市场健康发展的核心和关键（何以，2011）。2014 年8 月，新三板启动了做市商交易制度，即在证券市场上，由具备一定实力和信誉的证券经营法人，在其愿意的水平上不断向交易者报出某些特定证券的买入价和卖出价，并在所报价位上接受企业或其他交易者的买卖要求，保证及时成交的证券交易方式。这种交易制度以美国全美证券交易自动报价系统，即纳斯达克的竞争性做市商制度最为知名。在做市商制度推出之前，新三板仅有协议转让这一种交易方式，即买卖双方在场外自主对接形成协议后，进入股转系统报价即完成交易。为满足中小微企业差异化的股票转让需求，进一步提升全国股份转让系统的流动性，在竞价交易推出之前，股转系统允许企业可以根据自身资质和流动性需求自主选择交易制度，也可采用协议转让或做市转让的交易方式。

做市商制度的引入使新三板市场的活跃程度明显提高，这对推进新三板交易机制改革、稳定初创阶段市场波动具有深远的意义。国内学者对基于中国国情下的做市商制度大多持积极态度，陈一勤（2000）认为，在保持市场的流动性和稳定性及降低交易成本方面，做市商制度起到了重要的作用，提出了我国应该引入做市商制度的建议。杨之曙和王丽岩（2000）指出，在场外市场需要通过引入做市商制度来提高市场的流动性。但由于做市商的水平参差不齐，也容易带来做市商操纵股价、做市水平不高等问题（王兆琦，2015）。做市交易成本的交易成本和监督成本较高也使这种交易方式并非适用于每个挂牌企业。而且，由于国内证券公司的整体实力相比国际一流投行仍有很大差距，证券公司规模小、资金不足、买入库存股能力有限等问题也制约着券商做市业务的发展（邢缤心，2014）。

2018 年 1 月，在做市转让与协议转让并行三年多以后，股转系统正式推出了集合竞价交易机制①。规定原采用协议转让进行交易的股票自 2018 年 1 月 15 日起，盘中交易方式统一调整为集合竞价，并对基础层和创新层股票实施差异化撮合交易。现有关于交易机制的研究发现，集合竞价相比做市商制度交易成本更低（Pagano and Roell，1992，1996），在信息不对称程度较高的市场上，也更加稳定（Madhavan，1992）。集合竞价在新三板市场上的推行是交易机制发展过程中的重大变革。

---

① 2017 年 12 月 22 日，股转系统发布了新制定的《全国中小企业股份转让系统挂牌公司分层管理办法》（以下简称《分层管理办法》）和《全国中小企业股份转让系统股票转让细则》（以下简称《转让细则》）。《分层管理办法》对分层制度进行了完善；《转让细则》则就引入集合竞价，优化原有转让方式做出了具体规定。

二、新三板市场不同交易方式的比较

（一）协议转让

新三板市场最早只有协议转让一种交易方式，在协议转让方式下，买卖双方在线下直接洽谈、自由对接达成协议，然后通过股转系统进行交易。在交易系统中，协议转让股票有三种委托方式：意向委托、定价委托及成交委托。其中，意向委托申报类似于发出要约申请，并不进行交易，投资者根据交易系统中已有的定价申报信息，通过点击成交或互报成交，提交成交确认申报，方能与相应的定价申报达成交易。

自新三板实现扩容以后，协议转让一直是主流交易制度，由于其市场自由度较高，相对比较适合处于起步阶段的证券市场。相比后续推出的做市商制度，协议转让有如下优势：一是方便买卖双方协商股权价格，不必通过做市商买卖报价达成成交，交易成本较低；二是对企业而言，可以快速大量地吸收投资；三是相比做市商制度，在协议转让下，买卖双方可通过线下对接，通过"互报成交"完成大宗股权转让；四是不会影响企业股东人数，不会造成股权过于分散。

协议转让方式为挂牌企业提供了相对自由的交易路径，对处于成长期、股东人数较多的企业而言，能够在短期内获取所需资金，在一定程度上有利于这些企业的股票流动性。但同时，由于协议转让并非公开市场典型的交易制度，其在新三板市场中的运行也呈现出较多弊端：一是买卖双方进行直接洽谈，但由于信息不对称，买方需掌握专业知识以避免决策失误，因此不利于吸引非专业投资者；

二是由于新三板之前不设涨跌幅限制①，加之操作失误频发，且价格可以协商，因此股价波动剧烈时有发生；三是在互报成交方式下，易出现价格操纵；四是市场化程度较低，定价机制仅由买卖双方决定，缺乏竞争性，不利于实现价格发现；五是交易过程中并非遵循价格优先和时间优先的原则，因此会破坏交易的公平性，降低交易效率。

（二）做市转让

做市商制度也即报价驱动交易制度，新三板市场做市商制度不同于 NYSE 市场的专家垄断做市商制度，而是采用多对一，即几家做市商为一家企业提供做市服务。做市商需持有做市企业不少于 10 万股的库存股票，然后在市场上进行买卖双向报价，投资者之间不得进行交易。在做市转让时间内，做市商实施"T＋0"交易，即其做市买入的股票，当日即可卖出。此外，股转系统出台的一系列制度也对做市商进行了较多的限制，包括其持有的库存股来源、数量、做市时间、持续报价时间和买卖价差等②，此外，还对可能发生的违

---

① 2017 年 3 月 15 日，股转系统为防范异常价格申报和投资者操作失误，决定对采取协议转让的股票设置报价限制。申报价格应当不高于前收盘价的 200%，且不低于前收盘价的 50%。超出该价格范围的申报无效。

② 《全国中小企业股份转让系统股票转让细则（试行）》第四十九条规定，做市商每次提交做市申报应当同时包含买入价格与卖出价格，且相对买卖价差不得超过 5%。第五十四条，规定每个转让日的 9：30 至 11：30、13：00 至 15：00 为做市转让撮合时间。做市商每个转让日提供双向报价的时间应不少于做市转让撮合时间的 75%。第五十九条规定，挂牌时采取做市转让方式的股票，初始做市商应当取得合计不低于挂牌公司总股本 5% 或 100 万股（以孰低为准），且每家做市商不低于 10 万股的做市库存股票。除前款所述情形外，做市商在做市前应当取得不低于 10 万股的做市库存股票。第六十二条规定，挂牌时采取做市转让方式的股票和由其他转让方式变更为做市转让方式的股票，其初始做市商为股票做市不满 6 个月的，不得退出为该股票做市。后续加入的做市商为股票做市不满 3 个月的，不得退出为该股票做市。

规行为[①]进行了重点监控。这在一定程度上能提高市场交易效率、缩小买卖价差。

为规避交易风险，部分企业在满足做市条件的情况下转为做市交易，相比之前的协议转让，做市商制度有如下优势：一是对买卖价差的上限进行了规定，校正了买卖指令不平衡的现象；二是成交较为及时，价格稳定性显著优于协议转让的股票；三是多个做市商对股票进行买卖报价，可使股票实现相对公允的估值，并在一定程度上避免股价操纵现象；四是做市商作为专业的市场中介机构，其为某只股票做市能在一定程度上增加其他非专业投资者的信心，达到提升股价的目的。

但较多的研究发现，做市商的流动性提升作用受限（何牧原和张昀，2017；郑建明等，2018），新三板做市商制度受限于较少的做市商及市场初期的制度不健全，尚存在如下问题：一是做市商数量不足，较多做市企业仅有两家做市商，没有形成做市商的良性竞争，做市商未能实现价格发现及提升流动性的功能；二是股权过于分散，不利于企业股权的稳定，加大了拟 IPO 企业的审批风险；三是不利于大宗交易，做市商如进行大额交易，必然持有大量存货头寸，这增加了做市商的存货成本和交易风险；四是做市商数量匮乏限制了投资者的自由交易，一定程度上会减少交易数量。

（三）竞价交易

不同于主板等市场的竞价交易制度，新三板主要采用的方式为集合竞价。原协议板块股票调整为集合竞价，做市板块依然保留。

---

① 股转系统重点对做市商业务中如下内容进行监控：不履行或不规范履行报价义务、库存股异常变动、股价异常变动、做市商私下串通报价或私下交换交易策略、做市库存股票数量等信息以谋取不正当利益等。

企业根据自身情况可在盘中交易时段选择集合竞价或做市转让，每日 15：00 至 15：30 盘后交易时段，集合竞价及做市转让的股票，如单笔转让数量不低于 10 万股或单笔转让金额不低于 100 万元的，均可进行协议转让。在集合竞价时，考虑原协议板块股票的异质性，根据分层标准对集合竞价股票实行差异化撮合频次：基础层采取每日收盘时段（每日 15：00）集中撮合 1 次；创新层采取每小时撮合 1 次的集合竞价（每日 9：30、10：30、11：30、14：00、15：30），每天撮合 5 次。交易制度新规下的集合竞价也可视为"盘中集合竞价＋盘后协议转让"的方式。

现有的集合竞价制度相比原有交易制度，具有如下优势：一是实现了交易的市场化，提升了定价机制的竞争性，实现了价格发现功能，提升了股票合理的估值水平；二是创新层和基础层差异化的撮合规则可较好地利用市场资源，有效降低交易成本；三是降低信息不对称程度，缓解了原有协议转让下的价格操纵及利益输送问题；四是盘中"集合竞价＋盘后协议转让"的制度安排能解决大宗交易问题，弥补了单一集合竞价制度下的缺陷。竞价交易的新规在较大程度上弥补了原有制度的不足，能尽量平衡交易机制与挂牌企业需求之间的关系。但是，与主板开盘前集合竞价，盘中连续竞价的交易制度不同，新三板集合竞价是在盘中交易时间实行撮合交易，因此，在价格连续性上会有一定不足。此外，集合竞价新规并未改变新三板市场中既有的投资者数量和结构，虽然采用了市场化程度较高的交易机制，但是投资者参与程度的不足也会阻碍集合竞价的市场效果。

通过对各交易机制进行深度分析，比较其优劣（见表 3－1），笔者发现新三板市场交易机制的发展一直在试图弥补交易的不足，使交易逐步实现市场化，满足挂牌企业多样化的融资需求。

表 3 - 1　交易机制的优劣对比

交易机制	优势	劣势
协议转让	交易成本较低；能实现快速融资目标；可"互报成交"完成大宗股权转让；可控制股权分散	不利于吸引非专业投资者；股价波动剧烈，易出现急涨暴跌；易出现价格操纵；不利于定价；提倡先到先得，降低了交易效率
做市转让	买卖价差的上限规定缩小了价差；能及时成交；多个做市商报价避免了股价操纵；专业中介机构做市，有利于定价	做市商数量不足；股权过于分散，加大了拟IPO企业的审批风险；不利于大宗交易；限制了投资者的自由交易
盘中集合竞价＋盘后协议转让	交易市场化，优化了定价机制；创新层和基础层差异化的撮合规则；降低了信息不对称；解决了大宗交易问题	价格的连续性相比主板有一定不足

资料来源：全国中小企业股份转让系统相关规章制度。

三、新三板市场券商及其职责

新三板市场上有两大主要券商：主办券商和做市商。他们承担了为新三板企业提供推荐挂牌、持续督导、做市等职责。其中，主办券商主要有推荐挂牌职责和持续督导职责。《全国中小企业股份转让系统主办券商推荐业务规定（试行）》[①] 对主办券商的推荐挂牌职责进一步做了界定，即协助企业监管治理机构，规范经营活动，并向股转系统提交推荐报告，其角色类似于企业 IPO 过程中的保荐商。主办券商的持续督导职责是指在企业挂牌后，对其企业治理、信息披露等方面进行专业督导和规范。新三板做市商与主办券商不同，

①　2018 年 10 月 29 日，全国中小企业股份转让系统有限责任公司发布了《全国中小企业股份转让系统挂牌推荐业务规定》。

其主要职责是在股转系统中发布买卖双方报价，并在报价范围内按其报价履行与投资者的成交义务。

对协议转让企业而言，每家企业均有一家主办券商（如因特殊原因需解除督导关系，须报股转系统说明理由），根据《全国中小企业股份转让系统股票转让细则（试行）》的规定，每家做市企业必须有两家及以上的做市商方能进行做市转让，其中一家做市商应是为其推荐挂牌的主办券商。

证券企业如拟在新三板市场从事主办券商的相关业务，需满足相应条件并在股转系统中申请备案，才能取得主办券商资格。值得注意的是，新三板主办券商职责范围除推荐业务、经纪业务等，还包含做市业务，主办券商的准入条件比较严格，取得资格的证券企业也可申请为做市企业提供做市服务。2018 年 12 月 31 日前拥有主办券商资格的 90 多家券商企业中，有绝大多数企业或多或少涉及做市业务。

第三节　新三板交易方式的选择趋势

通过前文分析得知，随着市场制度不断完善，新三板市场交易机制经历了"协议转让—协议转让与做市转让并行—盘中做市转让、'集合竞价 + 盘后协议转让'"这三个阶段。2014 年 8 月实施做市商制度后，做市商和挂牌企业之间形成双向选择机制。挂牌企业根据自身融资及估值需求选择协议转让或做市转让，而做市商在综合考虑风险因素后，也会对企业进行选择性做市。在此过程中，如果做市企业因筹划 IPO、方便大宗交易、流动性低迷等因素不适合做市转让，也可选择退出。

截至 2018 年 12 月底，共有 1682 家企业曾经转为（或首次上市即成为）做市企业。其中，较多企业在 2015 年上半年陆续选择做市转让；受 2015 年 6 月中国股市异常波动影响，2015 年 7 月至 10 月企业转做市遇冷；2015 年底至 2016 年初有较大回升；自 2016 年 2 月起，企业转做市热情急速下跌。从退出做市转让企业数量分析，从 2016 年 2 月起，开始有企业退出做市，这一数量在 2016 年 9 月开始缓慢上升；在 2017 年，退出做市转让的企业数量持续波动，但基本每个月均有 20 家以上的企业退出，2017 年 12 月至 2018 年 1 月，受新交易制度的影响，由于交易新规的不稳定性，企业退出做市速度减缓，大多数企业持观望态度；随后在 2018 年 6 月以后，仍然有较多的企业选择退出做市转让；2015 年新增做市企业数较多时，基本没有企业退出做市转让；而在 2016 年 9 月至 2017 年 12 月新增做市企业数量锐减时，较多企业纷纷退出做市（见图 3 - 4）。

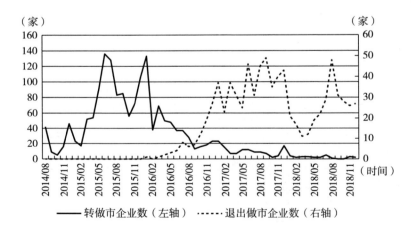

图 3 - 4 2014 年至 2018 年新增做市转让企业数与退出做市转让企业数

数据来源：Wind 数据库。

为初步解释以上问题，此节纳入新三板市场行情因素，分析企业选择做市转让是否较大程度上受市场行情的影响。基于 2015 年至 2018 年三板成指和三板做市指数的市场行情月度走势（见图 3 – 5），对比发现，当市场行情较好时，企业选择做市转让的动机越强，2015 年 3 月至 2015 年 6 月，新三板企业处于牛市阶段（陈辉，2017），三板成指和做市指数均在 1500 点以上，此时新增做市转让企业数也急剧上涨。2016 年 3 月以后，三板成指和做市指数陆续跌破 1300 点并持续走低，随着市场行情下滑，越来越少的企业转为做市交易，也正是从 2016 年 2 月开始，陆续有企业开始退出做市转让。本书第七章对企业退出做市转让的原因进行了更深层次的探索。图 3 – 4 和图 3 – 5 的结果初步显示，当新三板市场交易遇冷时，做市商会遭遇较大的市场冲击，流动性风险增加，存货持有成本也相应上升，因此做市意愿不佳。在此情形下，做市企业不能实现合理估值，流动性低迷，会有企业陆续选择更为自由的协议转让方式，以降低交易成本，从而实现更多的私下对接交易。

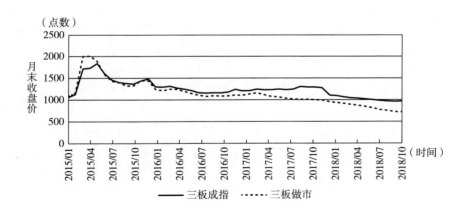

图 3 – 5　2015 年至 2018 年三板成指和三板做市指数的月度趋势

数据来源：Wind 数据库。

本章小结

　　本章对新三板市场制度背景及交易机制进行了较为详细的梳理和分析。首先，通过对市场准入门槛、分层制度等进行分析，本书发现新三板市场经历了初创期的爆发式增长，如今更注重市场的稳定性。较严格的准入门槛会在较大程度上降低市场风险，分层管理制度更能筛选出新三板挂牌企业中的优质标的，从而实现差异化监管和制度安排，以满足不同层次企业多元化的融资需求。其次，通过对交易机制的发展以及各交易方式的优劣进行对比，发现新三板市场一直在探索更加市场化的交易制度安排，这与发达国家资本市场的发展路径基本一致。交易系统的日益完善，并辅以配套监管的逐步趋强，能最大程度上解决市场交易乱象，遏制价格操纵、利益输送等问题。最后，新三板市场经历了较为漫长的交易方式双选时期，通过对交易方式的选择进行统计，发现做市商制度在市场内虽得到部分企业的认可，但仍存在较多问题，当市场行情不佳时，市场对做市商的信心也会走低。因此，有必要对交易方式选择的动因进行分析，并从市场反应视角对做市效果进行评价，为监管层和新三板市场推进和完善做市商制度提供决策依据。

第四章　交易方式选择的微观动因分析

　　合理的交易方式是企业提高股票流动性、达到融资目的的关键。通过前文分析可知，在新三板实施相对较优的做市商制度后，并非所有的企业都选择做市转让。相比协议转让而言，竞争性做市商制度是一种市场化程度较高的交易方式。已有文献均认为，新三板企业选择做市交易的目的在于盘活交易、提高股票的流动性，陈辉和顾乃康（2017）的研究也发现，做市商制度在短期内的确对提高股票的流动性有积极作用。

　　但交易方式的选择除了需要企业有相关流动性的诉求外，还需要有两家以上的做市商为其提供做市服务，所以是双方达成意向的行为结果。除了后期受市场影响，做市商制度遇冷导致企业弃"做市"转"协议"外，在前期较好的行情下，什么原因影响了交易方式的选择呢？不同的企业特征和治理水平会使企业倾向于哪种交易方式呢？除了企业自身质量因素外，券商的偏好是否会影响交易方式的选择呢？由于国内证券企业的整体实力相比国际一流投行仍有很大的差距，券商数量匮乏、规模小、资金不足、买入库存股能力有限等问题也制约着其做市业务的发展。在券商资源不足的情况下，券商与企业之间是否有互相选择的倾向呢？

　　为解决以上问题，此章实证研究包括两个方面的内容：一方面，基于企业主动选择的视角，由于做市商制度引入的初衷在于提高股票的流动性，因此较多企业会基于流动性需求主动选择做市转让，那么何种类型的企业会更倾向于做市呢？此部分选择做市商制度实施前期为研究区间，以企业是否选择做市以及拥有的做市商数量为因变量，以企业层面的特征因素和企业治理因素作为自变量。研究发现，基本面信息较好的企业更有可能选择做市转让，高质量企业更有可能受益于做市商的流动性服务职能。另一方面，基于券商主动选择视角，分析做市商是否会对拟做市企业"精挑细选"。在第一部分研究的基础上，此部分纳入了券商声誉变量研究券商声誉和企业质量之间的关系。由于新三板市场有两种职能的券商——主办券商和做市商。根据股转系统相关规定，挂牌企业的主办券商具有推荐挂牌和持续督导职能[①]，做市商则承担为做市股票提供买卖报价服务的职能。研究结果显示，主办券商声誉与企业特征、企业治理水平等均无显著相关关系，且不会对企业是否选择做市以及拥有的做市商数量产生显著影响；做市商声誉与做市企业特征和企业治理水平呈显著相关关系。因此，主办券商对其推荐挂牌及持续督导的企业存在"囫囵吞枣"的现象，做市商对做市企业则是"精挑细选"。做市转让方式选择的微观动因既包含企业基于流动性需求的主动选择，也有做市商基于风险考虑的精挑细选。

　　本章的潜在贡献主要体现在：一是基于新三板市场实施"做市商制度"，从企业主动选择视角出发，考察企业质量对交易方式选择的影响。二是检验券商对新三板企业是否存在明显偏好。通过分别对比主办券商和做市商声誉与企业质量的相关关系，为本书从做市商视角理解交易方式选择的微观动因提供了证据。三是发现了证券

---

　　① 《全国中小企业股份转让系统主办券商推荐业务规定（试行）》（2013 年 2 月 8 日）对主办券商挂牌推荐业务进行了详细规定，该规定于 2018 年 10 月 29 日废止，相应规定纳入《全国中小企业股份转让系统挂牌推荐业务规定》（2018 年 10 月 29 日）；《全国中小企业股份转让系统主办券商持续督导工作指引（试行）》（2014 年 10 月 29 日）对主办券商持续督导行为进行了详细规定。

企业在不同职责义务下，会产生截然不同的偏好行为，这对研究我国券商行为提供了新的视角。

第一节　理论分析与假设提出

一、企业特征、企业治理与交易方式的选择

在美国 NASDAQ 市场，做市商面临其他高频交易者等竞争对手（Egginton，2014），因此，更有动力促进市场交易的达成。而在新三板市场，面对过万家挂牌企业，目前只有不到 100 家做市商在提供做市服务，做市商的相对垄断地位使他们有很大的选择空间。首先，从企业视角进行选择。基于前文分析，协议转让作为相对自由的交易方式，能为企业进行大宗交易提供便利，但存在交易效率较低、交易成本较高、股价易被操纵等问题。而做市商作为市场的"稳定器"，能为企业提供更专业的估值，因此，企业为了提升股票流动性，需要树立良好的形象，以吸引做市商为其做市。其次，从做市商视角进行选择。信息不对称的存在使得做市商更重视基本面信息较好的企业。新三板市场尚处于发展阶段，加上市场包容性较强，企业良莠不齐，信息披露质量相比主板有较大差距。Bagehot（1971）认为信息在资本市场上发挥着重要作用，信息不对称是价差产生的主要原因。在资本市场上，由于信息不对称会导致缺乏流动性，因此，投资者为规避风险会尽量考虑基本面信息较好的企业。最后，从投资者认同的视角进行选择。新三板挂牌企业以成长型、

创新型的中小微企业为主，企业异质性特征明显，投资者较难找到横向可比的参照物，因此，需要专业的信息和知识来对这些企业进行估值。做市商作为较为专业的中介机构，能为投资者和创新型企业提供信誉保证，这在一定程度上降低了交易双方的信息不对称程度。基于以上分析，企业特征和企业治理水平影响做市商制度的选择。

从企业特征方面分析，一般情况下，投资者更加倾向于持有他们熟悉的股票，因此，规模越大、业绩越好的企业越能得到投资者和做市商的青睐（Merton，1987），更有利于进行做市交易。而且在新三板挂牌的企业一般具有高成长性，高成长机会是风险的代理变量之一，风险越大，股票的流动性越差。但同时，一般高成长的企业创新能力较强，有利于提高企业业绩。此外，高杠杆水平会增加企业经营风险，陈辉和黄剑（2012）发现，杠杆水平越高，股票的流动性水平越低。投资者一般将高债务水平视为企业陷入财务困境的标志，因此，资产负债率会影响市场参与者对企业的偏好。

从企业治理方面分析，吴敬琏认为，所谓企业治理结构，是指由所有者、董事会和高级执行人员即高级经理人员三者组成的一种组织结构。在这种结构中，上述三者之间形成一定的制衡关系。新三板对挂牌企业设置的条件中有一条是企业治理结构健全，运作规范。由于高科技企业在业务快速发展的同时，没有建立健全的企业治理结构，使投资商进入企业后面临潜在风险。作为企业治理结构的重要组成部分，较多的研究证明了股权结构对股票流动性产生了较大的影响。Bhide（1993）认为股权集中可能使信息不对称程度升高，从而使企业股票的流动性降低，分散的股权结构有助于提高企业股票的流动性。屈文洲等（2011）发现，直接控股股东持股比例与交易成本显著正相关，而且股权集中降低了市场流动性水平。持有同样观点的学者还有 Heflin 和 Shaw（2000）、Glosten 和 Milgrom（1985）、Kyle（1985）等。因此，越高的股权集中度意味着越高的信息成本，越不利于获得投资者偏好。一般而言，机构投资者具有专业能力和信息优势，相比市场中的个人投资者，其获取信息的能力更强，已有研究发现大部分机构投资者都具有羊群行为（Sias，2004），在股票市场行情下跌时，易造成股价波动（许年行等，2013；曹丰等，2015）。因新三板市场行情波动较大，故机构投资者持股比例越高，则越易增大做市商的交易风险，且机构投资者具有信息优势，因此，为了减少与知情交易者交易的信息风险，做市商会尽量避免为机构投资者持股比例较高的企业做市。一般情况下，较大的董事会规模能增加企业决策强度，有利于企业发展，但国内较多文献研究发现董事会人数过多反而不利于决策效率，进而影响企业的经营情况（余怒涛等，2008；杜勇等，2014）。在新三板市场上，较多的董事会人数会加剧代理问题，增加外部监管的难度，有可能不利于做市交易。新三板市场上企业董事长兼任总经理现象较为普遍，一方面，"两职合一"扩大了高管的权力，能提高决策效率（Galbraith，2002），较多的研究发现"两职合一"能起到正向治理作用（陈守明等，2012）；另一方面，在"两职合一"的情况下，高管的自利性动机，会使得其损害企业利益（吴淑琨等，1998），新三板市场多为中小微企业，董事长和总经理"两职合一"能够减少管理成本，提高信息沟通和决策的效率。此外，在企业治理中，执行董事负责内部业务的决策与执行，能够为管理层提供较重要的企业内部信息，有利于企业战略决策，但因为执行董事受制于总经理，如执行董事比例过高则无法发挥监督总经理的职能（赵增耀，2002），特别在新三板市场"两职合一"程度较高的情况下，执行董事占比较高有可能带来负面作用。

基于以上分析，提出假设 H1。

H1a：业绩特征、规模特征等越好的企业，越有可能选择做市转让及获取做市商的偏好；企业资产负债率越高，风险越大，越不倾向于进行做市转让。

H1b：股权集中度越高、机构持股比例越高的企业，越不倾向于进行做市转让；董事会规模越大、执行董事比例越高，越不会进行做市转让；董事长和总经理"两职合一"则有利于企业选择做市转让。

二、券商声誉与企业的"互选效应"

通过对声誉相关文献的梳理，笔者发现金融中介在市场上发挥着"信息生产"和"认证中介"的职能，能起到连接企业和投资者的"桥梁"作用。在 Booth 和 Smith（1986）的研究基础上，Chemmanur 和 Fulghieri（1994）进一步发展了"认证中介"，理论构建了一个两期博弈模型，参与者主要有企业、投资银行（承销商）和普通投资者。投资银行面临一个动态权衡：在评估时以较高的成本制定严格的标准，但长期是有益的。通过分析投资银行声誉与 IPO 企业之间的关系，他们发现投资银行为了减少评估成本，降低风险，声誉越高的投资银行越易与风险较小的客户签订承销合同，高质量企业也希望通过高声誉的专业机构传递出较准确的企业信息，IPO企业的质量与投资银行声誉呈显著正相关关系。Krigman 等（2001）探讨了企业 IPO 后更换主承销商的原因，他们发现企业逐渐地变更为声誉更高的主承销商，并从新承销商那里购买额外的、更有影响力的分析师业务。Fernando 等（2005）通过发行企业和承销商均衡匹配的模型证实了以上结论，他们首次提出了承销商和发行企业通过相互选择进行关联，一方面，发行企业希望承销商能够高效优质地完成发行；另一方面，承销商关注发行企业的质量，如发行规模、完成发行的可能性，以及未来继续经营并再次发行等。因此，承销商声誉与发行企业的质量正向相关。

与此同时，国内已有研究则发现，承销商声誉与发行企业的质量关系存有谜团。刘江会等（2005）发现在我国资本市场上承销商声誉与IPO企业质量并非正向关系，他们认为这主要是市场信息不对称较为严重造成的；金晓斌等（2006）则认为，在1999年之前，证券市场处于发展的初始阶段，投资银行声誉与其承销的IPO企业质量之间无显著相关关系，但随着市场的发展及竞争程度的提高，投资银行更偏向于业绩较好、发展稳定的发行人。

一方面，较多国外研究发现证券市场中的金融机构，尤其是承接证券发行的承销商，由于面临市场风险和评估成本，因此会和发行企业之间存在"互选效应"；另一方面，国内证券市场关于金融中介机构声誉的证据尚不充分。新三板市场特殊的券商结构为本书研究提供了良好的契机。在新三板市场上，由于主办券商和做市商业务不同，主办券商负责推荐挂牌和持续督导业务，主要通过收取挂牌费用（承销费）及督导费用盈利，其不存在企业挂牌后的交易风险，而是在履职不佳时收到来自股转系统的监管提示或处罚。截至2018年12月31日，新三板挂牌企业共10691家，承担推荐挂牌和持续督导业务的主办券商93家，平均一家主办券商负责115家挂牌企业，最多的申万宏源证券股份有限公司为621家挂牌企业提供持续督导业务。从企业视角分析，企业有愿望找一家高声誉主办券商为其推荐挂牌及提供督导服务，有助于企业规范化运营；从主办券商视角分析，推荐挂牌可能收取较高的挂牌费用，因为券商数量较为稀缺，主办券商对企业的选择有可能会多多益善、囫囵吞枣；

且主办券商不从企业股票交易中赚取佣金，只收取少量的监管费用，监管不到位的处罚力度也不足，对企业的筛选可能存在短视行为。因此，主办券商和企业之间的"互选效应"可能相关性不大，声誉较好的主办券商可能挂牌较多的企业，但未必考虑挂牌企业的质量。

根据股转系统的规定，做市商须持有拟做市企业不少于 10 万股的库存股票，他们主要通过双向报价赚取价差以及为企业定向增发获取利润。因此，企业的交易风险对做市商尤为重要。对企业而言，较为优质的企业必然希望做市商能提供更专业的报价，实现企业合理估值，提高股票流动性；对做市商而言，企业质量越高，股价越稳定，做市商面临的交易成本及信息不对称成本越低，收益也越高。因此，声誉较好的做市商为了减少风险、降低成本，会有与承销商一样的选择行为，即更偏好高质量的做市企业。

基于以上分析，提出假设 H2。

H2a：主办券商与挂牌或督导企业之间"互选效应"不显著，声誉较好的主办券商未必选择高质量的企业。

H2b：做市商与做市企业之间存在"互选效应"，声誉较好的做市商会选择高质量的企业进行做市。

为检验以上假设，首先，此部分以企业是否选择做市转让以及拥有的做市商数量作为被解释变量，以企业特征和企业治理作为解释变量，检验企业质量是否会影响其选择做市转让。其次，检验做市商是否会偏好高质量的拟做市企业，同时纳入主办券商声誉对比研究。此部分以券商声誉（包括主办券商声誉和做市商声誉）为被解释变量，以企业特征和企业治理变量为解释变量进行回归分析。最后，在检验主办券商声誉的影响作用时，同时分析了企业拥有高声誉主办券商是否有利于其做市，此部分作为研究主办券商声誉与企业"互选效应"的补充检验，主要以是否选择做市转让以及拥有的做市商数量作为被解释变量，以主办券商声誉作为解释变量，控制企业特征、企业治理等因素进行分析。

第二节　研究设计

一、样本与数据来源

2013 年，中小企业股份转让系统实现向全国扩容，并于 2014 年 8 月正式推出做市商制度，2013 年之前在新三板挂牌的企业不足 200 家。根据图 3 - 4 可知，2014 年下半年至 2016 年上半年陆续有企业由协议转让转为做市转让，2016 年开始，个别企业因摘牌、筹划 IPO 等原因，陆续退出做市转让。此后，做市转让企业数量维持在 1000 家左右。考虑到数据的可得性及交易方式的选择性，本部分以截至 2016 年 6 月 30 日前挂牌的企业为研究样本，分析在此之前影响企业选择做市转让的微观因素。由于部分协议转让企业数据缺失较多，笔者通过借鉴多数文献的做法，对主要变量缺失、总资产为负以及金融行业样本进行了剔除。通过筛选，获取了样本 2375 个，2015 年上半年至 2016 年上半年三期共计 3917 个观测值，其中，有 1218 家企业在此期间由协议转为做市。本书所需数据主要来自 Wind 数据库，相关连续变量均在 1% 和 99% 的水平上进行了 Winsorize 处理。

二、变量的选取与定义

(一) 交易方式的度量

2018 年 1 月之前,新三板市场采用做市交易和协议转让并行的交易制度,大部分企业在挂牌之初都是采用协议转让的交易方式,并在挂牌成功后经申请批准后转为做市交易。这里选定 2015 年上半年至 2016 年上半年企业的转让方式为被解释变量,并设置为虚拟变量,如果在该时点企业选择的交易方式为做市交易,则 $M\_Maker = 1$,如果依然采用协议转让,则 $M\_Maker = 0$。为度量做市商对挂牌企业的偏好程度,同时以做市企业拥有的做市商数量 (Number) 为被解释变量。

(二) 企业特征与企业治理变量

为剖析企业层面因素对交易方式选择的影响,此节纳入滞后一期的企业特征和企业治理变量作为解释变量,变量的具体定义见表 4 - 1。在企业特征方面,分别用企业规模 (Size,总资产的自然对数)、资产负债率 (Level) 来衡量企业结构特征。一般情况下,规模越大,越易得到做市商的偏好;资产负债率越高,企业财务风险越高,越不利于获取做市商的认可。企业的业绩特征可分别用市场业绩和会计业绩来衡量,考虑新三板市场存在市值操纵行为,本书主要选取企业业绩 (Roe) 来进行衡量。此外,以营业收入增长率 (Growth) 作为成长性的代理变量,衡量企业基本特征对交易方式选择的影响。在企业治理方面,选取第一大股东持股比例 (Top1)、机构持股比例 (INST) 作为股权结构特征的代理变量,选取董事长和总经理是否"两职合一"（*Plurm*）、董事会人数（*Numdirector*）和执行董事占比（*Executive*）衡量新三板企业的企业治理情况。

表 4-1　主要变量及其定义

变量名称	代码	变量定义
交易方式变量		
是否选择做市	*M_Maker*	选择做市交易取值为 1，协议转让取值为 0
做市商数量	*Number*	为做市企业进行做市的做市商数量
企业特征变量		
企业业绩	*Roe*	净资产收益率
企业规模	*Size*	总资产的自然对数
成长性	*Growth*	营业收入增长率
资产负债率	*Level*	负债总额/资产总额
企业治理变量		
股权结构	*Top*1	第一大股东持股比例
机构持股比例	*INST*	机构持股合计/流通股股数×100%
董事会结构	*Numdirector*	董事会人数
执行董事占比	*Executive*	执行董事人数/董事会人数
两职合一	*Plurm*	如果企业的董事长、总经理为同一人，取值为 1，反之取值为 0
主办券商声誉		
主办券商规模	*Sponsor_asset*	总资产的自然对数
业务能力	*Sponsor_number*	督导企业数量
总体声誉水平	*Sponsor_total*	0.5×总资产的自然对数+0.5×督导企业数量
声誉排名	*Sponsor_ranking*	综合实力排名前 10 的设置为 1，其余为 0
做市商声誉		
做市商规模	*Mm_asset*	总资产的自然对数
做市企业数量	*Mm_number*	提供做市服务的股票数量
做市商业务实力	*Mm_tradshare*	可交易股份数量的自然对数
做市商盈利能力	*Mm_profit*	净利润的自然对数
总体声誉水平	*Mm_total*	0.5×总资产的自然对数+0.5×做市企业数量
声誉排名	*Mm_ranking*	综合实力排名前 10 的设置为 1，其余为 0

（三）券商声誉变量

国内外文献多采用券商排名和市场份额作为券商声誉的代理变量。考虑新三板市场的特殊性，主办券商和做市商主要为新三板企业提供服务。为多维度地度量主办券商及做市商声誉，根据其业务特点，本书分别选取如下四个指标度量主办券商声誉：主办券商规模（$Sponsor\_asset$，总资产的自然对数）、业务能力（$Sponsor\_number$，督导企业数量）、总体声誉水平（$Sponsor\_total$，$0.5 \times$总资产的自然对数$+0.5 \times$督导企业数量）、声誉排名（$Sponsor\_ranking$，综合主办券商规模及业务能力设置虚拟变量，排名前 10 的设置为 1，其余为 0）。选取如下六个指标度量做市商声誉：做市商规模（Mm_asset，总资产的自然对数）、做市企业数量（Mm_number，提供做市服务的股票数量）、做市商业务实力（$Mm\_tradshare$，可交易股份数量的自然对数）、做市商盈利能力（Mm_profit，净利润的自然对数）、总体声誉水平（Mm_total，$0.5 \times$总资产的自然对数$+0.5 \times$做市企业数量）、声誉排名（$Mm\_ranking$，综合做市商规模及业务能力设置虚拟变量，排名前 10 的设置为 1，其余为 0）。与主办券商不同的是，考虑做市商通过买卖报价赚取收益，因此，做市商的业务实力和盈利能力也可视为声誉高低的一种表现，在这里纳入其持有的可交易股份以及净利润作为声誉的代理变量（见表 4 - 1）。

三、模型设计

基于变量的选取和定义，此节主要构建如下模型检验研究假设。首先，为检验企业特征、企业治理与做市商偏好之间的关系，构建检验模型 4 - 1：

$$Trs_{i,t} = \delta_0 + \delta_1 Roe_{i,t-1} + \delta_2 Size_{i,t-1} + \delta_3 Growth_{i,t-1} + \delta_4 Level_{i,t-1} + \delta_5$$
$$Top1_{i,t-1} + \delta_6 Numdirector_{i,t-1} + \delta_7 Executive_{i,t-1} + \delta_8 Plurm_{i,t-1} + \delta_9 INST_{i,t-1} +$$
$$Industry + Time + \vartheta \qquad\qquad (模型 4-1)$$

模型 4-1 中被解释变量 $Trs_{i,t}$ 为企业 i 在 t 期的交易方式的偏好，分别用是否选择做市（M_Maker）以及做市样本拥有的做市商数量（$Number$）两个维度度量。根据前文分析，预测规模较大、业绩较好的企业会更受投资者和做市商的偏好；股权越集中、资产负债率越高，意味着企业存在更高的财务风险，可能不利于做市。

其次，检验优质的挂牌企业是否会吸引声誉较好的券商，构建模型 4-2：

$$Reputation_{i,t} = \delta_0 + \delta_1 Roe_{i,t} + \delta_2 Size_{i,t} + \delta_3 Growth_{i,t} + \delta_4 Level_{i,t} + \delta_5$$
$$Top1_{i,t} + \delta_6 Numdirector_{i,t} + \delta_7 Executive_{i,t} + \delta_8 Plurm_{i,t} + \delta_9 INST_{i,t} + Industry +$$
$$Time + \vartheta \qquad\qquad (模型 4-2)$$

模型 4-2 中被解释变量 $Reputation_{i,t}$ 为企业 i 在 t 期对应的券商声誉。分别用主办券商声誉的分指标（$Sponsor\_asset$，$Sponsor\_number$，$Sponsor\_total$，$Sponsor\_ranking$）和做市商声誉的分指标（Mm_asset，Mm_number，$Mm\_tradshare$，Mm_profit，Mm_total，$Mm\_ranking$）进行度量。其中，在检验主办券商声誉与企业特征相关关系时，采用的均为当期数值，而检验做市商声誉与企业特征相关关系时，企业特征及企业治理指标均为滞后一期的数值，这是因为主办券商主要提供推荐挂牌、督导等业务，不存在滞后选择；而企业做市，则是做市商根据企业情况加以判断的结果，因此有一定的滞后性。

同时，为检验企业拥有较好的主办券商是否有助于企业做市，构建模型 4-3：

$$Trs_{i,t} = \delta_0 + \delta_1 Reputation_{i,t-1} + \delta_2 Roe_{i,t-1} + \delta_3 Size_{i,t-1} + \delta_4 Growth_{i,t-1} +$$

$$\delta_5 Level_{i,t-1} + \delta_6 Top1_{i,t-1} + \delta_7 Numdirector_{i,t-1} + \delta_8 Executive_{i,t-1} + \delta_9 Plurm_{i,t-1} +$$

$$\delta_{10} INST_{i,t-1} + Industry + Time + \vartheta \qquad （模型 4-3）$$

模型 4-3 中被解释变量 $Trs_{i,t}$ 为企业 i 在 t 期的交易方式的偏好，分别用是否选择做市（M_Maker）以及做市样本拥有的做市商数量（$Number$）两个维度度量。$Reputation_{i,t-1}$ 为企业 i 滞后一期的主办券商声誉变量。模型 4-3 主要考量 δ_1，检验企业拥有好的主办券商是否有利于做市或吸引更多做市商。

此外，在以上三个模型中，同时设置时间虚拟变量和行业虚拟变量，控制了时间效应和行业效应。行业分类根据证监会行业分类指引设置，制造业采用两位代码分类，其余行业均为一位代码分类。

四、描述性统计

从描述性统计结果来看，挂牌企业拥有做市商数量最多的为 28 家。企业业绩（Roe）、企业规模（$Size$）相比沪深两市 A 股上市企业较低，符合新三板中小企业特征。企业特征变量的标准差普遍较大，说明由于新三板挂牌门槛较低，企业质量良莠不齐，因此异质性特征明显（见表 4-2）。

表 4-2　主要变量的描述性统计

变量	均值	标准差	最小值	最大值
Panel A：交易方式				
M_Maker	0.52	0.50	0.00	1.00
$Number$	1.53	2.59	0.00	28.00
Panel B：企业特征变量				
Roe	9.45	17.87	-70.51	58.16
$Size$	18.72	1.11	16.19	21.55

续表

变量	均值	标准差	最小值	最大值
Growth	33.12	82.57	−65.80	542.38
Level	38.08	19.91	3.26	84.48

Panel C：企业治理变量

变量	均值	标准差	最小值	最大值
*Top*1	47.28	17.87	14.45	93.40
INST	47.27	29.95	0.00	100.00
Numdirector	5.75	1.36	0.00	16.00
Executive	0.95	0.13	0.00	1.00
Plurm	0.55	0.51	0.00	2.00

第三节 回归结果分析

一、企业特征、企业治理与交易方式

基于模型 4 - 1，检验了企业质量对交易方式选择的影响。为避免企业层面的聚集效应对标准差的影响，在回归时对企业层面进行了 Cluster 处理。表 4 - 3 中列（1）~（2）是以企业是否选择做市交易以及做市企业拥有的做市商数量为被解释变量的回归结果。结果显示，较好的企业业绩（*Roe*）、较大的企业规模（*Size*）能够吸引做市商的做市，更易得到做市商青睐，这与之前的预期相一致，而较高的杠杆水平（*Level*）则不被做市商所认可；股权结构显著影响企业交易方式的选择，股权越集中（*Top*1）的企业，信息不对称程度越高，风险越大，越不易得到做市商的偏好，而倾向于采用协议转让方式；机构持股比例（*INST*）越高，越不有利于企业采用做市交易，也不利于企业吸引大量的做市商做市。此外，董事会人数（*Numdirector*）越多，对企业的控制力越强，由于新三板大多数企业外部监督机制（如独立董事）较弱，所以较大的董事会规模会进一步削弱外部监督力量，不利于新三板企业做市；董事长和总经理两职合一（*Plurm*）有可能提高新三板企业的创新自由度，促进企业绩效的增加（Boyd，1995），进而有利于企业选择做市交易。

表 4 – 3　影响交易方式选择与主办券商声誉的因素分析

变量	交易方式偏好		主办券商声誉			
	(1)	(2)	(3)	(4)	(5)	(6)
	M_Maker	*Number*	*Sponsor_ asset*	*Sponsor_ number*	*Sponsor_ total*	*Sponsor_ ranking*
Roe	0.003 ***	0.001	0.001	0.001	0.001	0.000
	(5.726)	(0.273)	(1.205)	(0.896)	(1.095)	(0.409)
Size	0.147 ***	1.059 ***	0.061 **	0.005	0.033	0.017
	(14.596)	(10.117)	(2.203)	(0.220)	(1.370)	(1.574)
Growth	− 0.000	− 0.000	− 0.000	− 0.000	− 0.000	− 0.000
	(− 0.420)	(− 0.053)	(− 0.730)	(− 0.585)	(− 0.679)	(− 0.406)
Level	− 0.004 ***	− 0.030 ***	0.001	0.002 *	0.002	0.000
	(− 6.995)	(− 7.721)	(0.856)	(1.952)	(1.361)	(0.836)
*Top*1	− 0.002 ***	− 0.016 ***	0.001	0.000	0.000	0.000
	(− 3.415)	(− 3.662)	(0.444)	(0.112)	(0.301)	(0.696)
Numdirector	− 0.028 ***	− 0.061	0.018	0.030 *	0.024	− 0.004
	(− 3.197)	(− 0.785)	(0.835)	(1.746)	(1.258)	(− 0.429)
Executive	− 0.051	− 0.983	0.048	0.149	0.098	− 0.040
	(− 0.547)	(− 1.319)	(0.187)	(0.771)	(0.447)	(− 0.407)
Plurm	0.048 **	0.223	0.026	0.027	0.026	0.004
	(2.564)	(1.587)	(0.538)	(0.709)	(0.623)	(0.222)

续表

变量	交易方式偏好		主办券商声誉			
	（1）	（2）	（3）	（4）	（5）	（6）
	M_Maker	Number	Sponsor_ asset	Sponsor_ number	Sponsor_ total	Sponsor_ ranking
INST	− 0.002 ***	− 0.012 ***	0.000	− 0.000	− 0.000	− 0.000
	（− 7.419）	（− 5.053）	（0.350）	（− 0.497）	（− 0.021）	（− 0.157）
Constant	− 1.960 ***	− 14.802 ***	11.106 ***	2.300 ***	6.703 ***	− 0.004
	（− 7.866）	（− 6.489）	（16.689）	（4.572）	（11.690）	（− 0.014）
Observations	3，917	2，032	3，839	3，839	3，839	3，839
R − squared	0.163	0.221	0.119	0.130	0.122	0.007
Industry effects	YES	YES	YES	YES	YES	YES
Time effects	YES	YES	YES	YES	YES	YES
Firm clusters	YES	YES	YES	YES	YES	YES

注：括号内为稳健 t 统计值。* 表示显著性水平为 10%，* * 表示显著性水平为 5%，* * * 表示显著性水平为 1%；vif 均小于 5，不存在显著的多重共线性问题。表中数值均为四舍五入保留 3 位小数，下同。

二、券商声誉与企业质量："互选效应"检验

根据假设 H2，券商与企业之间可能存在"互选效应"。首先，检验高质量企业是否有声誉较高的主办券商，此部分以包含协议转让和做市转让共 3917 家企业为研究样本，为它们提供督导服务的主办券商共计 90 家。表 4-3 中列（3）~（6）和表 4-4 检验了主办券商声誉与企业质量的相关关系，表 4-3 中列（3）~（6）是基于模型 4-2 的检验结果。被解释变量是主办券商声誉的分指标（Sponsor_ asset，Sponsor_number，Sponsor_total，Sponsor_ranking），解释变量为企业特征和企业治理变量。表 4-3 的结果显示，规模较大的企业有可能吸引较大规模的主办券商，其余绝大多数企业质量特征与主办

券商声誉均无显著相关关系。表 4 - 3 第 （4） 列显示，督导企业较多的主办券商，其督导的企业可能有相对较高的资产负债率和较大的董事会规模 （10% 的显著性水平）。总体上，对新三板挂牌企业而言，较好的企业质量并未匹配声誉较好的主办券商，由于承担较多企业的业务，且不必承担股票的交易风险，主办券商对企业的选择存在 "囫囵吞枣" 的现象，高声誉主办券商与高质量挂牌企业并不存在 "互选效应"。

表 4 - 4 进一步对主办券商声誉与挂牌企业互选效应进行了补充检验，基于模型 4 - 3 分析主办券商声誉是否有利于企业做市。被解释变量为交易方式偏好的分指标 （M_Maker 和 $Number$），解释变量为主办券商的声誉指标。结果显示，主办券商声誉与企业是否选择做市以及做市商偏好均无显著相关关系。表 4 - 4 的结果进一步证明，主办券商声誉与挂牌企业并无显著 "互选" 匹配关系，这说明主办券商在选择推荐挂牌或持续督导企业时并未精挑细选，而是囫囵吞枣。

为验证做市商声誉与做市企业的 "互选效应"，基于模型 4 - 2，以做市商声誉指标 （Mm_asset，Mm_number，$Mm\_tradshare$，Mm_profit，Mm_total，$Mm\_ranking$） 作为被解释变量，以企业特征和企业治理变量为解释变量，检验了做市商声誉与企业质量的相关关系。如前文，在回归时对企业层面进行了 Cluster 处理。根据交易方式的特征，此部分对样本进行了调整，首先，剔除了协议转让样本；其次，每个做市样本均有两家或两家以上的做市商为其提供做市服务；最后，根据新三板挂牌企业各阶段的做市商名单，进一步对其进行一一匹配。筛选后，做市样本共 1218 个，为其提供做市服务的做市商共计 84 家。

表4-4 主办券商声誉与交易方式偏好

变量	(1) M_Maker	(2) Number	(3) M_Maker	(4) Number	(5) M_Maker	(6) Number	(7) M_Maker	(8) Number
Sponsor_asset	-0.000 (-0.061)	-0.063 (-1.180)						
Sponsor_number			-0.003 (-0.293)	-0.018 (-0.259)				
Sponsor_total					-0.001 (-0.166)	-0.050 (-0.795)		
Sponsor_ranking							-0.014 (-0.904)	0.105 (0.823)
Roe	0.003*** (6.559)	0.002 (0.600)	0.003*** (6.562)	0.002 (0.536)	0.003*** (6.561)	0.002 (0.574)	0.003*** (6.557)	0.002 (0.493)
Size	0.146*** (18.290)	1.060*** (11.235)	0.146*** (18.282)	1.057*** (11.225)	0.146*** (18.292)	1.058*** (11.228)	0.146*** (18.303)	1.055*** (11.185)
Growth	-0.000 (-0.284)	-0.000 (-0.029)	-0.000 (-0.287)	-0.000 (-0.029)	-0.000 (-0.286)	-0.000 (-0.032)	-0.000 (-0.293)	-0.000 (-0.031)
Level	-0.004*** (-8.562)	-0.030*** (-8.870)	-0.004*** (-8.542)	-0.031*** (-8.882)	-0.004*** (-8.554)	-0.030*** (-8.872)	-0.004*** (-8.552)	-0.031*** (-8.896)
Top1	-0.002*** (-4.143)	-0.017*** (-4.552)	-0.002*** (-4.144)	-0.017*** (-4.577)	-0.002*** (-4.143)	-0.017*** (-4.567)	-0.002*** (-4.129)	-0.017*** (-4.591)

续表

变量	(1) M_Maker	(2) Number	(3) M_Maker	(4) Number	(5) M_Maker	(6) Number	(7) M_Maker	(8) Number
Numdirector	-0.027***	-0.042	-0.027***	-0.044	-0.027***	-0.042	-0.027***	-0.045
	(-4.127)	(-0.632)	(-4.112)	(-0.666)	(-4.122)	(-0.641)	(-4.140)	(-0.682)
Executive	-0.037	-1.079	-0.037	-1.092	-0.037	-1.084	-0.038	-1.095
	(-0.530)	(-1.614)	(-0.525)	(-1.633)	(-0.528)	(-1.621)	(-0.538)	(-1.641)
Plurm	0.049***	0.209*	0.049***	0.205*	0.049***	0.207*	0.049***	0.201*
	(3.281)	(1.732)	(3.285)	(1.698)	(3.282)	(1.720)	(3.282)	(1.663)
INST	-0.002***	-0.011***	-0.002***	-0.011***	-0.002***	-0.011***	-0.002***	-0.011***
	(-8.908)	(-5.128)	(-8.911)	(-5.184)	(-8.908)	(-5.154)	(-8.909)	(-5.216)
Constant	-1.972***	-13.962***	-1.971***	-14.596***	-1.968***	-14.314***	-1.977***	-14.630***
	(-9.350)	(-6.687)	(-9.971)	(-7.027)	(-9.657)	(-6.894)	(-10.052)	(-7.002)
Observations	3,830	1,981	3,830	1,981	3,830	1,981	3,830	1,981
R-squared	0.161	0.226	0.161	0.226	0.161	0.226	0.161	0.226
Industry effects	YES	YES	YES	YES	YES	YES	YES	YES
Time effects	YES	YES	YES	YES	YES	YES	YES	YES

表4-5中列（1）~（6）分别从做市商规模、做市商业务能力、做市商盈利能力等多个维度检验了做市商声誉与企业质量之间的关系。结果显示，企业业绩（Roe）、企业规模（Size）与六个声誉变量指标的系数大多在1%水平上显著为正，企业业绩越好、规模越大，则越有利于吸引优质的做市商为其做市；资产负债率（Level）与做市商声誉则呈显著负相关关系；成长性（Growth）较高的新三板企业也意味着较大的做市风险，不利于吸引更优质的做市商为其做市；企业治理因素与做市商声誉指标的系数大多不显著，新三板企业"两职合一"（Plurm）则可发挥一定的企业治理作用，有利于吸引较优质的做市商为其做市。

表4-5 企业特征、企业治理与做市商声誉："互选效应"

变量	(1) Mm_asset	(2) Mm_number	(3) Mm_tradshare	(4) Mm_profit	(5) Mm_total	(6) Mm_ranking
Roe	0.003 ***	0.002 ***	0.003 ***	0.002 **	0.002 ***	0.001 ***
	(3.319)	(2.822)	(3.105)	(2.346)	(3.197)	(2.886)
Size	0.075 ***	0.039 ***	0.072 ***	0.043 ***	0.057 ***	0.014 ***
	(5.978)	(3.769)	(5.794)	(3.657)	(5.141)	(2.702)
Growth	− 0.000	− 0.000 *	− 0.000	− 0.000	− 0.000	− 0.000 **
	(− 1.367)	(− 1.731)	(− 1.212)	(− 1.461)	(− 1.593)	(− 2.291)
Level	− 0.001 **	− 0.001 **	− 0.002 **	− 0.001 **	− 0.001 **	− 0.000 *
	(− 2.070)	(− 2.124)	(− 2.523)	(− 2.375)	(− 2.152)	(− 1.744)
Top1	− 0.000	− 0.000	− 0.000	0.001	− 0.000	0.000
	(− 0.405)	(− 0.178)	(− 0.605)	(0.745)	(− 0.307)	(0.084)
Numdirector	0.012	0.012	0.012	0.010	0.012	− 0.000
	(1.244)	(1.401)	(1.204)	(1.106)	(1.340)	(− 0.067)
Executive	0.145	0.130	0.161 *	0.095	0.137	0.034
	(1.477)	(1.611)	(1.676)	(0.999)	(1.562)	(0.923)

续表

变量	(1) Mm_asset	(2) Mm_number	(3) Mm_tradshare	(4) Mm_profit	(5) Mm_total	(6) Mm_ranking
Plurm	0.038 *	0.033 *	0.044 *	0.021	0.036 *	0.014
	(1.648)	(1.728)	(1.916)	(0.996)	(1.724)	(1.591)
INST	−0.000	−0.000	−0.000	−0.000	−0.000	−0.000
	(−1.037)	(−1.117)	(−1.123)	(−0.541)	(−1.101)	(−1.517)
Constant	13.183 ***	2.563 ***	11.275 ***	9.739 ***	7.873 ***	0.088
	(45.333)	(10.558)	(39.594)	(34.602)	(30.497)	(0.756)
Observations	9,824	9,824	9,824	9,466	9,824	9,824
R − squared	0.046	0.044	0.020	0.193	0.038	0.025
Industry effects	YES	YES	YES	YES	YES	YES
Time effects	YES	YES	YES	YES	YES	YES
Firm clusters	YES	YES	YES	YES	YES	YES

由表4-5可明显看出，做市企业有较好的企业特征更能吸引优质的做市商为其提供做市服务，相比之下，健全的企业治理对吸引优质做市商的促进作用较不显著。以上结果表明，高声誉做市商本着降低风险、增加盈利等因素，会精挑细选更优质的企业做市，做市商与企业之间存在互选效应。

本章小结

为深入剖析企业交易方式的选择、券商偏好等微观影响因素。本章分别以总样本和做市样本检验了企业特征、企业治理、券商声誉对交易方式偏好的影响，还进一步检验了券商声誉与企业质量之间的匹配效应。实证分析结果显示，从企业主动视角分析，为更好地受益于做市商提供流动性的职能，企业业绩、企业规模等基本面信息较好的企业更有可能选择做市转让，也更易得到做市商的青睐，但挂牌企业拥有声誉较好的主办券商不会显著影响其交易方式的选择；从券商主动选择视角分析，声誉较好的做市商更青睐为优质的企业提供做市服务，且做市商为降低做市风险，会对拟做市企业精挑细选，高声誉做市商与高质量企业之间存在显著的"互选效应"。为了比较做市商与挂牌企业的"互选效应"，此部分纳入主办券商声誉进一步分析发现，较优质的企业并不一定匹配声誉较好的主办券商，高声誉主办券商与高质量企业之间不存在"互选效应"，主办券商对推荐挂牌且持续督导的企业存在"囫囵吞枣"的现象。本部分研究结果初步显示，由于提升股票流动性的融资需求驱使，高质量企业会倾向于选择做市转让，做市商也会对拟做市企业进行挑选，以尽可能地降低流动性风险。因此，做市转让方式选择的微观动因既有企业基于流动性需求的主动选择，也有做市商基于风险考虑的精挑细选。此外，相比主办券商声誉，做市商声誉对企业的影响更为显著。

第五章　交易方式选择与流动性分析

　　杨之曙和吴宁玫（2000）指出，尽管透明度、流动性、波动性和交易成本均可度量市场质量，但是流动性是决定一个市场是否稳定有效的根本因素。此章拟分析做市商制度的实施对股票流动性的影响。在第二章中，梳理了相关文献对做市商制度和股票交易之间的关系研究。做市商通过在最终买卖双方之间连续不断地报出买卖价格和风险承担意愿来促进市场买卖的及时性，并通过增加流动性为市场提供有价值的服务，进而提高市场流动性（Grossman and Miller，1988；Goldstein and Nelling，1999；Egginton，2014）。企业与流动性提供者签订合同能降低交易成本，显著提升市场质量和价格发现效率（Anand et al.，2009）。Menkveld 和 Wang（2013）以泛欧证券交易所（Euronext N. V.）和阿姆斯特丹证券交易（Amsterdam Stock Exchange，AEX）的 101 只股票为研究样本，采用双重差分法（DID）分析了企业指定做市商对流动性和流动性风险的影响，发现引入指定做市商可显著提高小盘股企业的流动性，降低其流动性风险。

　　国内文献也为研究做市商制度提供了理论支持（杨之曙和王丽岩，2000；李学峰和徐辉，2006），2017 年以来陆续有学者关注新三板流动性问题（陈辉和顾乃康，2017；何牧原和张昀，2017；郑建明等，2018），但尚未有一致性结论。事实上，2016 年以来，新三板市场出现新增做市企业大幅减少、做市转让转为协议转让逐渐增多的现象，市场反应的非理性化凸显做市商制度缺失价格发现功能，隐藏逆向选择和道德风险。已有研究表明，做市转让企业的平均累计换手率远低于协议转让企业（何牧原和张昀，2017；郑建明等，2018），甚至大大低于美国纳斯达克市场2016年245%的换手率，初步显示做市商制度在新三板市场上提供流动性职能存在局限性。

本章拟研究做市交易对流动性的影响，分析协议转让转为做市交易的企业，其流动性能否得到显著提高。这里将2014年8月实施做市商制度视为准自然实验，采用双重差分模型（简称DID模型），选择具有可比性的新三板交易数据，对样本选择做市交易前后的股票流动性变化进行分析。为克服选择偏差，进一步对样本进行PSM核匹配，采用PSM – DID模型进行分析，以保证结果的稳健性和可比性。由于企业由协议转做市的时点具有不确定性，为检验实证结果的稳定性和可比性，纳入多期DID模型进一步检验。本书发现，做市商制度的引入能够显著降低股票的急涨暴跌现象，降低交易成本及减少零交易天数，但是采用做市转让后股票的交易规模反而出现显著下降。做市交易能提升股票流动性，但是流动性提升的效应受限。

第一节 理论分析与假设提出

关于做市商制度与股票流动性的相关文献证明，做市商制度作为流动性提供者，能利用专业能力减少信息不对称、盘活市场、促进股票交易。但当做市商处于垄断或者信息优势地位时，在利润和价格的驱动下，做市商的违规行为会破坏市场的公平有序。而关于新三板做市商制度与股票流动性的探讨，受样本、变量选取限制，研究结论尚存分歧（何牧原和张昀，2017；陈辉和顾乃康，2017；郑建明等，2018）。

在市场微观结构文献中，买卖价差被认为是衡量市场交易成本和紧度的重要指标（Demsetz，1968；Kyle，1985；Stoll，2003），其设置的目的是用来补偿做市商承担做市义务时的成本。做市成本主要由存货持有成本、指令处理成本和逆向选择成本这三部分构成（Stoll，1989）。其中，指令处理成本是做市商处理交易指令而发生的成本，如流转税、交易费用等，对短期市场流动性的影响不大。存货持有成本是做市商为保证持续不断地提供买卖报价，而保留一定的证券和现金头寸所发生的成本，市场交易的不确定性越高，证券价格波动越大，做市商须持有的存货头寸也就越多，存货成本越高。逆向选择成本是许多研究中的重点，Bagehot（1971）首次将市场中的交易者分为知情交易者与不知情交易者。由于信息不对称的存在，知情交易者拥有私人信息优势，为弥补与知情交易者交易所遭受的损失，做市商设定的买卖价差包含了逆向选择成本。买卖价差与存货持有成本和逆向选择成本关联较大。市场波动越大，买卖价差越大，以弥补市场不确定性带来的流动性风险；市场不对称越严重，价格越混乱，为弥补逆向选择成本，买卖价差越大。做市商买卖价差和每日报价的限制可以降低市场波动，做市商相对专业的估值，改变了协议转让下定价的随意性，同时有利于降低企业和投资者之间的信息不对称，因此，在做市转让下，股票的买卖价差应该显著降低。买卖价差的降低加上股转系统对做市商的业务规范，降低了市场的急涨暴跌程度，因此，市场冲击指标也会显著降低。

市场深度指在不影响市场价格下可能的交易量。一般从交易量和交易额去描述，市场中的交易者越多，越易实现规模经济，流动性越好。交易量是当天成交股票的总股数，成交额是当天成交股票的总股数与成交价格的乘积。交易量和交易额一般作为衡量股票流动性最直接的度量指标。广义的成交量还应包括换手率，计算公式为：换手率＝［指定交易日成交量（手）×100／截至该日股票的流通股总股数（股）］×100%。做市商制度实施以后，能够较大程度地稳定市场、促进交易，但是存在如下问题：一方面，NASDAQ 市场上平均每只股票拥有 20 多家做市商，相比之下，新三板市场上有 1 万多家挂牌企业（选择做市交易的企业最多时有 1600 多家，现在维持在 1050 家左右），从事做市业务的券商却不足 100 家，每家做市企业平均只有 5 家做市商为其做市，做市商数量有限会限制投资者的自由交易，使企业在有交易意向时无法顺利完成交易；另一方面，做市商面临的主要成本之一是存货成本，在大宗交易的情况下，需要做市商持有大量的存货头寸，交易风险增大，因此，做市商制度适合小额快速交易。2018 年 1 月之前，做市商制度下并未配套的大额交易制度安排，企业选择做市转让后，势必会减少企业的大额交易。因此，企业转为做市转让后，有可能不利于交易规模的提升。

从交易的即时性分析，由于在做市商制度下，股转系统对做市商买卖报价频率进行了规定，因此，采用做市转让的股票，其零交易天数会显著减少。

根据前文分析，相比协议转让交易方式，做市商的引入能降低信息不对称程度，且新三板做市商制度对买卖价差进行了上限规定，缩小了买卖价差，降低了协议转让下的急涨暴跌现象，同时股转系统对做市商每日的买卖报价行为进行了下限规定，相比协议转让对接成功才能交易的情况，做市股票的零交易天数能显著减少。但做市商仍存在如下问题：一是做市商数量不足，会出现"一家独大"的现象。企业的交易主要依赖做市商完成，当做市商处于垄断地位时，会限制投资者的自由交易，减少交易数量。二是做市商的存货成本限制不利于企业进行大宗交易，也会对企业交易规模产生不利影响。

根据以上分析，提出假设 H3。

H3a：企业由协议转让转为做市转让后，相比协议转让企业，其交易紧度显著降低，交易的即时性显著增加。

H3b：企业由协议转为做市后，相比协议转让企业，其交易深度显著降低。

第二节 研究设计

一、模型设计与估计方法

（一）两阶段双重差分模型（两阶段 DID 模型）

为了得到新三板企业处理组和对照组在做市交易前后的流动性变化的相对差异，这里选择了通常用于制度评价的双重差分模型（Difference – in – differences，DID）。通过对处理组（Treatment Group）和控制组（Control Group）在政策实施前后进行两次差分，能有效去除个体固有差异以及与处理效应无关的时间趋势导致的偏误。

新三板市场做市商制度于 2014 年 8 月正式推出，部分企业在 2015 年及 2016 年陆续进行交易方式的转变，为全面地评估选择做市转让对个股流动性的影响。首先，本节采用两阶段 DID 模型进行检验，将由协议转让转为做市交易的企业作为处理组，将一直选择协议转让的企业作为控制组，*Treated* 为个体虚拟变量，*Treated* = 1 表示转为做市交易组，*Treated* = 0 表示一直选择协议转让交易组。其次，进一步设置时期虚拟变量 *Period*，其中，*Period* = 0 表示基期，*Period* = 1 表示对照期。最后，由于做市商制度实施的目的是提高市场流动性，因此考察的重点是企业的股票流动性，设定被解释变量 Y 为股票流动性的代理变量。采用两阶段 DID 基准回归模型设定模型 5 – 1：

$$Y_{i,t} = \beta_0 + \beta_1 Treated + \beta_2 Period + \beta_3 Treated \times Period + \beta_4 Controls_{i,t} + \mu_{i,t}$$

（模型 5 – 1）

其中，β_3 体现了企业采用做市交易前后给股票流动性带来的变化，其是主要的待估参数。

（二）双重差分倾向得分匹配模型（PSM – DID 模型）

双重差分法会在一定程度上控制不可观测的固定效应，克服了内生性问题。新三板企业由协议转让方式转为做市交易方式，一方面，应符合全国中小企业股转系统规定的须有两家及以上满足条件的做市商为其做市①；另一方面，也存在企业根据自身经营及交易现状的主观选择，存在"选择偏差"（Selection Bias），这种偏差使双重差分"理想的随机实验"的要求无法满足。为解决"内部有效性

---

① 《全国中小企业股份转让系统股票转让方式确定及变更指引（试行）》第十条：采取协议转让方式的股票，挂牌企业申请变更为做市交易方式的，应当满足有两家以上做市商同意为该股票提供做市报价服务，并且每家做市商已取得不低于 10 万股的做市库存股票的条件。

问题"及"外部有效性问题",这里进一步采用 Heckman 等（1997，1998）所提出的双重差分倾向得分匹配法（简称 PSM - DID）来克服"选择偏差"。核心思想是对每一个发生交易方式转变的处理组企业，在选定可观测变量（协变量）的基础上，匹配一个与处理组企业最相似的控制组企业。根据 PSM 后的样本，再采用 DID 模型进行检验，能在较大程度上克服"选择偏差"，有效度量了企业选择做市交易给股票流动性变化带来的实际影响。

具体过程如下：首先，根据分组依据，选定实验组和控制组；其次，依据独立性假设条件，并结合前文的分析，选定企业层面较为稳定的控制变量为匹配变量；再次，基于实验组、控制组及匹配变量，进行最近邻方法的 1:1 样本匹配，为实验组找到最接近的控制组；最后，基于 PSM 结果，采用 DID 模型进行分析。

（三）多期双重差分模型（多期 DID 模型）

根据图 3 - 4 可知，由于政策的非强制性，做市商制度实施后企业发生交易方式的转变是分批次、逐渐推广的，存在多期现象。Beck 等（2010）研究了美国各州银行放松管制对收入分配的影响，由于各州政策实施的时间不同，其采用多期 DID 模型估计政策的影响效应也不同。为较全面度量企业做市前后的流动性变化，此部分借鉴 Beck 等（2010）的研究，采用多期 DID 基本模型构建模型 5 - 2：

$$Y_{i,t} = \sigma + \beta D_{i,t} + \delta X_{i,t} + \varepsilon_{i,t} \qquad （模型 5 - 2）$$

其中，$Y_{i,t}$ 是 t 月个股 i 的流动性，$X_{i,t}$ 是随时间变化的控制变量，以控制影响股票 i 流动性的其他因素，$D_{i,t}$ 是虚拟变量，事件发生后取 1，其余为 0，因此 β 表明了企业选择做市转让对股票流动性的影响①。由于各个企业采用做市转让的时间不一，跨度较大，为增加考察期内的观测值，此模型并非采用严格意义上的面板数据，而是采用混合最小二乘法进行估计。此外，根据 Beck 等（2010）的研究，由于模型需尽量控制时间效应和个体效应，因此分别设置了行业和月份的虚拟变量加以控制，并按照企业股票代码进行了 Cluster 处理。

二、样本与数据来源

（一）两阶段 DID 样本与数据

根据前文图 3 - 4 所示，2015 年 5 月至 2015 年 8 月、2015 年 11 月至 2016 年 1 月为两个协议转做市的小高峰期，在此期间有较多协议转让企业转为做市转让，但参考图 3 - 5 新三板市场指数月度走势发现，受 2015 年 6 月我国股票市场异常波动影响，新三板市场 2015 年上半年市场行情远好于 2015 年下半年，2015 年上半年新三板市场出现"牛市"（陈辉，2017），此后行情一路走低。如设置 2015 年 5 月至 2015 年 8 月为事件发生期，则基期和对照期的市场行情差异明显，干扰较大，较难剥离出做市商制度的市场效应。笔者参考市场行情走势，选择了 2015 年 11 月至 2016 年 1 月为事件发生期，以 2015 年 6 月至 2015 年 10 月为基期（$Period = 0$），2016 年 2 月至 2016 年 6 月为对照期（$Period = 1$），并对样本进行了如下处理：一是为保证可比性，剔除了基期或对照期缺失的样本；二是剔除了研

---

① 根据该模型原理，做市样本在做市之前 $D = 0$，做市之后 $D = 1$，在做市之前为基期 $Period = 0$，做市之后为对照期 $Period = 1$，因此，多期 DID 模型中的 D 相当于两阶段 DID 模型中的 $Treat \times Period$，在后文回归表格中统一简写为 TP。

究区间交易数据缺失的样本；三是把样本研究区间退出做市转让后的观测值删除，最终样本共计 1442 个。其中，以 2015 年 11 月至 2016 年 1 月是否由协议转让转为做市转让为分组变量，选定发生改变的实验组样本 305 个（ $Treat = 1$ ），一直采用协议转让的控制组样本 1137 个（ $Treat = 0$ ）。

（二）多期 DID 样本与数据

由图 3－4 可知，自 2014 年 8 月做市商制度推出以来，各月或多或少均有部分新增企业选择做市转让。但由于 2015 年之前新三板挂牌企业不足，数据缺失严重，而 2018 年 1 月以后，受集合竞价交易方式的影响，极少有新增做市转让的企业，且新交易制度的强制推出会影响市场反应，为保证政策效果的稳定性，本部分以 2015 年 1 月至 2017 年 12 月为研究区间。并对样本进行了如下处理：一是为保证样本基期和对照期的可比性，剔除了挂牌即做市或者在研究区间一直为做市转让的样本；二是剔除了转为做市转让后没有交易的样本；三是剔除了一直为协议转让的样本；四是删除了样本退出做市转让后的观测值。最终有 1039 个样本在研究区间陆续由协议转让转为做市转让。各样本在其做市之前 $D_{it} = 0$ ，做市当月及做市之后 $D_{it} = 1$ 。从研究样本事件发生期分布发现，所选样本做市转协议时间分布与总体市场表现一致，具有代表性（见图 5－1）。

三、变量选取与定义

（一）股票流动性

现有文献通常从四个方面来度量流动性：交易数量、交易速度、

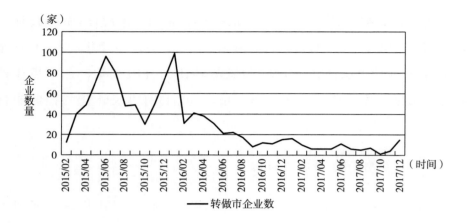

图 5 - 1　多期 DID 样本事件发生期分布

交易成本和价格影响。一般用基于高频数据的买卖价差指标以及基于日间数据的换手率等指标来衡量（熊家财和苏冬蔚，2014），较为直接的衡量交易数量的指标有交易量、交易额。根据已有研究（Corwin and Schultz，2012；张峥等，2013；熊家财和苏冬蔚，2014），本书分别选取市场冲击（*Amihud*）、换手率（*Lnturnover*）、交易量（*Lnvol*）、交易额（*Lndvol*）、买卖价差（*HL*）、零收益天数比率（*Zeros*）以及零收益天数比率冲击（*Zeros_impact*）这七个指标来衡量股票流动性。

市场冲击指标（*Amihud*）。Amihud（2002）提出的 *Amihud* 指标是最具代表性的市场冲击指标，主要衡量股价对交易量的敏感程度。如果股票交易量的变动会带来股价的剧烈波动，说明股价暴涨暴跌的现象明显，则 *Amihud* 指标越大，股票的流动性越差，参考已有文献（Amihud，2002；陈辉和顾乃康，2017；郑建明等，2018），结合新三板股票数据，设定 *Amihud* 指标计算式 5 - 1 如下：

$$Amihud_{i,t} = \frac{1}{t} \sum_{d=1}^{t} \sqrt{\frac{|R_{i,d}| \times 10^6}{Dvol_{i,d}}} \qquad （式 5 - 1）$$

其中，$|R_{i,d}|$ 是个股 i 在 d 日收益率的绝对值，$Dvol_{i,d}$ 是个股 i 在 d 日的交易额，d 是 t 月中的某一天。

换手率指标（$Lnturnover$）。借鉴 Chordia 等（2001），本书用换手率来度量股票交易频率，具体计算式如下：

$$Lnturnover_{i,t} = \ln\left(\frac{1}{t} \sum_{d=1}^{t} turnover_{i,d} \right)$$　　　　（式 5 - 2）

其中，$turnover_{i,d}$ 是个股 i 在 d 日的换手率，d 是 t 月中的某一天。

买卖价差指标（HL）。买卖价差在金融市场中应用非常广泛，是流动性的直接度量指标，买卖价差越大，流动性越低。Corwin 和 Schultz（2012）根据每天的最高价和最低价估计了一种计算买卖价差的模型，该模型优于其他低频估计方法，结合 Corwin 和 Schultz（2012）、熊家财和苏冬蔚（2014）的做法，这里构建买卖价差计算式如下：

$$HL_{i,t} = \frac{2(e^{\alpha_{i,t}} - 1)}{1 + e^{\alpha_{i,t}}}$$　　　　（式 5 - 3）

其中，

$$\alpha_{i,t} = \frac{\sqrt{2\beta_{it}} - \sqrt{\beta_{it}}}{3 - 2\sqrt{2}} - \sqrt{\frac{\gamma_{it}}{3 - 2\sqrt{2}}},$$

$$\beta_{i,t} = E\left\{ \sum_{i=0}^{1} \left[\ln\left(\frac{H_{it,d+j}^0}{L_{it,d+j}^0} \right) \right]^2 \right\}, \quad \gamma_{i,t} = \left[\ln\left(\frac{H_{it,d,d+1}^0}{L_{it,d,d+1}^0} \right) \right]^2$$

其中，$H_{it,d}^0$ 和 $L_{it,d}^0$ 分别表示股票 i 在月度 t 第 d 天的最高价和最低价，$H_{it,d,d+1}^0$ 和 $L_{it,d,d+1}^0$ 分别表示股票 i 在月度 t 第 d 和第 $d+1$ 天中的最高价和最低价。Corwin 和 Schultz（2012）这一做法较为简单可行，但有两个重要的前提条件：一是开市时股票是连续交易的；二是在闭市期间股票价格未发生改变。新三板市场有较多的股票交易不活跃，为满足以上假设，需进行如下调整：第一，调整隔夜价格变化。在非交易期间股票价格经常会发生变化，因此需确定 T 日的收盘价是否在 T+1 日的价格区间内，如果 T 日收盘价低于 T+1 日的最低价，说明价格在夜间发生了上调（由 T 日收盘价上调至 T+1 日的最低价），则在计算 T+1 日买卖价差时，要将最高价和最低价均减去上调的价格；如果 T 日收盘价高于 T+1 日最高价，说明价格在夜间发生了下调（由 T 日收盘价下调至 T+1 日的最高价），则计算 T+1 日买卖价差时，要将最高价和最低价均加上下调的价格。第二，因股票交易不活跃而无法观测到真实的最高价和最低价，且交易不活跃的股票极可能一日仅交易一次或所有的交易只有一个价格，所以，如果该价格在前一日的交易价格区间内，就假定该日的最高价和最低价与前一日的最高价和最低价相同；如果该价格不在前一日的交易价格区间内，该日最高价和最低价需增加或减少该日成交价格偏离前一日价格区间的差值；如果该日无交易，则该日的最高价和最低价应调整为和之前交易最近一个交易日的最高价和最低价相同。第三，调整高低价差可能为负的情况。根据式 5-3 在计算买卖价差时，有可能得到负的估计值，因此，在计算月度平均买卖价差之前将所有负值均调整为 0。

在进行第一步、第二步的调整后，这里将亦进行第三步骤调整后的高低价差指标设为 *HL_before*，为避免负值调整引起的结果偏差，同时将进行了第一步、第二步调整而未进行第三步骤负值调整的高低价差指标设为 *HL_no*。

零收益天数比率指标（*Zeros*）和零收益天数比率冲击指标（*Zeros_impact*）。受市场规则的约束和交易行情的影响，新三板市场有部分挂牌企业极少交易，被称为"僵尸股"。因此，区间内零交易天数成为度量新三板股票是否活跃的重要指标之一。借鉴 Lesmond 等（1999）的研究，选择如下公式作为度量指标：$Zeros_{i,t}$ = 月度零收益率天数/月度天数。此外，借鉴张峥等（2014）的研究，纳入零收益天数比率冲击指标：

$$Zeros\_impact_{i,t} = \left[Zeros_{i,t} / \left(\frac{1}{t} \sum_{d=1}^{t} vol_{i,d} \right) \right] \times 10^4 \qquad （式5-4）$$

其中，$vol_{i,d}$ 为股票 i 在 d 日的交易额，d 是 t 月中的某一天。由式 5-4 可知，该冲击指标反映了零收益天数比率相比日均交易量的变化，该指标越大，说明零收益天数比率的变化大于日均交易量的变化，则股票流动性越低；反之，流动性越高。

交易量指标（$Lnvol$）、交易额指标（$Lndvol$）。本书同时选择衡量交易规模最直接的指标，即交易量和交易额来度量股票的流动性。计算式分别为：区间日均成交量 $Lnvol = \ln$（区间日均成交量）和区间日均成交额 $Lndvol = \ln$（区间日均成交额）。

（二）是否选择做市交易

选定是否选择做市交易（$Treat$）为处理变量，这也是本书的核心解释变量，如果企业在基期和对照期发生交易方式的转变，则设置 $Treat = 1$；如果企业在基期和对照期一直选择协议转让，则设置 $Treat = 0$。

（三）控制变量

为控制其他因素的影响，这里选取了一系列会影响股票流动性及样本分组（是否选择做市交易）的控制变量。在企业特征和企业治理变量控制上，与前文一致，分别为企业规模（$Size$）、资产负债率（$Level$）、企业业绩（Roe）、成长性（$Growth$）、第一大股东持股比例（$Top1$）、董事长和总经理是否"两职合一"（$Plurm$）、董事会人数（$Numdirector$）和执行董事占比（$Executive$）。根据市场微观结构理论，股票流动性除了受企业基本面信息的影响外，还较多地受市场特征变量的影响（Stoll，2003），因此，这里同时纳入流通在外的股份数（*Cir_stock*）、股价水平（*Lnprice*）、股东户数（*Num_sholder*）和波动性（*Stkret*^{2}）这四个变量。此外，参考前文，通过设置时间虚拟变量和行业虚拟变量，使模型同时控制了时间效应和行业效应。变量的详细计算方法见表 5 - 1。

表 5 - 1　变量、定义与计算

变量名称	代码	计算方法
被解释变量		
Amihud 指标	*Amihud*	见式 5 - 1
换手率	*Lnturnover*	区间日均换手率的自然对数（见式 5 - 2）
未进行负值调整的买卖价差	*HL_no*	见式 5 - 3
进行负值调整的买卖价差	*HL_before*	见式 5 - 3
零收益天数比率	*Zeros*	月度零收益天数/月度天数
零收益天数比率冲击	*Zeros_impact*	Zeros/月度日均交易量（见式 5 - 4）
交易量	*Lnvol*	月度日均交易量的自然对数
交易额	*Lndvol*	月度日均交易额的自然对数
解释变量（分组变量）		
是否选择做市交易	*Treated*	Treat = 1 表示选择做市交易 Treat = 0 表示基期和对照期一直为协议转让
控制变量		
企业业绩	*Roe*	净资产收益率
企业规模	*Size*	总资产的自然对数
成长性	*Growth*	营业收入增长率
资产负债率	*Level*	负债总额/资产总额
股权结构	*Top1*	第一大股东持股比例
董事会结构	*Numdirector*	董事会人数
执行董事占比	*Executive*	执行董事人数/董事会人数
两职合一	*Plurm*	如果企业董事长、总经理为同一人，取值为 1，反之取值为 0
流通在外的股份数	*Cir_stock*	流通股合计的自然对数

变量名称	代码	计算方法
股东户数	*Num_sholder*	股东户数的自然对数
股价水平	*Lnprice*	样本区间每日收盘价均值的自然对数
波动性	*Stkret*²	股票日收益率平方的均值

注：在使用两阶段 DID 模型分析之前，先对根据分组变量确定的实验组和控制组进行一对一匹配，为保证基期数据的稳定性，在 PSM 时选择的匹配变量为：*Roe*、*Size*、*Growth*、*Level*、*Top*1、*Numdirector*、*Executive*、*Plurm*、*Cir_stock*、*Num_sholder*。此外，使用多期 DID 模型分析的时间跨度较大，机构持股比例 *INST* 数据缺失较多，考虑到数据的可得性，为避免因数据缺失影响实证结果，本节在回归模型中剔除了该变量。

四、描述性统计

主要变量的描述性统计结果见表 5－2，为减少新三板挂牌企业极端值的影响，文中对连续变量进行了 1% 水平的 Winsorize 处理。表 5－2 的结果显示，协议转让组 Amihud、买卖价差、零收益天数比率、零收益天数比率冲击这些指标的均值相比做市转让组较大，这说明协议股票流动性低于做市股票流动性；协议转让组交易量、交易额指标的均值亦大于做市转让股票，这说明协议股票交易规模大于做市股票。中位数的差异则不大。总体上，做市转让组的企业基本面信息相比协议转让组较好。因此，在后文需要进一步的实证分析以检验政策效果。

表 5－2　两阶段 DID 样本主要变量的描述性统计结果

变量	协议转让组				做市转让组			
	均值	中位数	最小值	最大值	均值	中位数	最小值	最大值
Amihud	0.20	0.10	0.00	1.43	0.09	0.06	0.00	1.43
Lnturnover	0.01	0.01	0.00	0.05	0.01	0.01	0.00	0.05

续表

变量	协议转让组				做市转让组			
	均值	中位数	最小值	最大值	均值	中位数	最小值	最大值
HL_no	0.01	0.00	-0.12	0.27	0.00	0.00	-0.12	0.27
HL_before	0.03	0.00	0.00	0.31	0.01	0.00	0.00	0.31
$Zeros$	0.73	0.85	0.00	1.00	0.54	0.57	0.00	1.00
$Zeros\_impact$	1.47	0.15	0.00	9.57	1.40	0.37	0.00	9.57
$Lnvol$	10.44	10.46	6.91	15.36	9.68	9.27	6.91	15.36
$Lndvol$	12.00	11.99	8.01	16.70	11.60	11.37	8.01	16.70
Roe	2.37	3.14	-63.27	44.56	6.49	5.70	-63.27	44.56
$Size$	18.68	18.62	16.21	22.56	19.20	19.19	16.21	22.56
$Growth$	58.21	9.96	-89.88	1450.27	52.87	19.36	-89.88	1450.27
$Level$	38.12	37.29	2.20	93.19	34.68	32.65	2.20	89.83
$Top1$	44.41	43.15	10.50	86.27	41.44	39.56	10.50	86.27
$Numdirector$	5.78	5.00	4.00	16.00	6.03	5.00	0.00	11.00
$Executive$	0.96	1.00	0.25	1.00	0.94	1.00	0.50	1.00
$Plurm$	0.54	1.00	0.00	2.00	0.56	1.00	0.00	2.00
Cir_stock	16.61	16.61	13.69	19.91	16.94	16.98	13.69	19.91
$Num\_sholder$	3.67	3.61	1.39	6.41	3.94	3.91	1.39	6.41
$Lnprice$	1.73	1.75	0.00	4.12	1.98	1.99	0.00	4.12
$Stkret^2$	0.06	0.00	0.00	1.24	0.02	0.00	0.00	1.24

注：描述性统计结果均保留两位小数。

第三节　做市商制度的流动性效应检验

一、流动性初步检验：基于两阶段 DID 模型的分析

在运用 PSM - DID 模型分析新三板企业交易方式的转变对企业

股票流动性影响的平均处理效应之前，本节先用两阶段 DID 模型检验做市交易实施前后股票流动性的变化。表 5 - 3 中是基于模型5 - 1 的回归结果，将 2014 年下半年定义为未实施做市商制度时期（基期），将 2015 年下半年定义为企业发生交易方式转变的时期（对照期），分组变量（Treat）为是否在 2015 年 11 月至 2016 年 1 月由协议转为做市，前后五个月分别为基期（Period = 0）和对照期（Period = 1）。被解释变量是股票流动性的分指标（Amihud、Lnturnover、HL_no、HL_before、Zeros、Zeros_impact、Lnvol、Lndvol），解释变量为 Treat、Period、TP（Treat × Period），控制变量为企业特征、企业治理与市场特征变量，此外，控制了时间效应和行业效应，并在企业层面进行了 Cluster 处理（下同）。这里重点关注 TP 交乘项的估计系数。

表 5 - 3 结果表明，企业选择做市交易后，股票换手率（Lnturnover）、交易量（Lnvol）和交易额（Lndvol）显著降低，零收益天数比率冲击指标（Zeros_impact）显著增加；结果还显示研究样本中的实验组在选择做市转让后，流动性相比一直协议转让组显著降低，但是其他衡量交易成本和交易时间的指标呈现出不同的市场反应：未进行负值调整的买卖价差（HL_no）、负值调整后的买卖价差（HL_before）、零收益天数比率（Zeros）显著降低。从流动性各维度上分析，做市商制度的实施，能显著降低股票的交易成本（买卖价差）和减少零交易天数，但是股票买卖频率和交易规模却也显著降低。总体而言，做市商制度能在一定程度上减少交易成本，但市场的交易活跃度是下降的。

企业特征、企业治理因素与各流动性分指标的系数结果显示，企业业绩（Roe）越好、企业规模（Size）越大、成长性（Growth）越好，股票流动性也越好；资产负债率（Level）越高，股票流动性

表5-3 做市交易对流动性影响的初步检验：两阶段 DID 模型

变量	(1) Amihud	(2) Lnturnover	(3) Lnvol	(4) Lndvol	(5) HL_no	(6) HL_before	(7) Zeros_impact	(8) Zeros
Treat	-0.036**	0.005***	0.924***	0.896***	0.002	0.002	-0.361**	0.011
	(-1.980)	(5.725)	(5.542)	(5.444)	(0.392)	(0.437)	(-2.200)	(0.509)
Period	0.027*	-0.002***	-0.270*	-0.261**	0.004	-0.007	0.582***	0.101***
	(1.668)	(-3.004)	(-1.937)	(-1.968)	(0.917)	(-1.583)	(3.482)	(5.412)
TP	-0.028	-0.008***	-2.121***	-1.989***	-0.015***	-0.019***	0.487**	-0.202***
	(-1.471)	(-9.024)	(-11.898)	(-11.295)	(-3.380)	(-4.456)	(2.538)	(-8.400)
Roe	-0.001***	0.000***	0.007**	0.006**	0.000	-0.000	-0.007**	-0.000
	(-2.834)	(2.634)	(2.289)	(2.024)	(0.457)	(-0.341)	(-2.088)	(-0.770)
Size	-0.035***	0.002***	0.377***	0.429***	-0.001	-0.003**	-0.310***	-0.009
	(-5.422)	(5.091)	(6.455)	(7.510)	(-0.469)	(-2.266)	(-4.486)	(-1.009)
Growth	-0.000	0.000**	0.000**	0.001**	-0.000	-0.000	-0.001***	-0.000
	(-1.348)	(1.990)	(2.257)	(2.505)	(-0.811)	(-0.101)	(-2.581)	(-0.425)
Level	0.000	-0.000	-0.005**	-0.006***	0.000	0.000	0.005*	-0.000
	(0.251)	(-1.465)	(-2.413)	(-2.863)	(0.580)	(1.395)	(1.961)	(-0.666)
Top1	0.001***	-0.000	-0.008***	-0.007***	0.000	0.000	0.001	-0.001***
	(2.759)	(-1.310)	(-3.169)	(-2.830)	(0.746)	(1.588)	(0.352)	(-3.270)
Numdirector	-0.002	-0.000	-0.029	-0.023	-0.000	-0.001	0.034	0.007
	(-0.516)	(-1.450)	(-0.833)	(-0.664)	(-0.446)	(-0.736)	(0.991)	(1.168)

续表

变量	(1) Amihud	(2) Lnturnover	(3) Lnvol	(4) Lndvol	(5) HL_no	(6) HL_before	(7) Zeros_impact	(8) Zeros
Executive	0.011	-0.003	-0.964**	-0.919**	0.009	0.014	0.210	0.051
	(0.286)	(-1.570)	(-2.093)	(-2.019)	(0.890)	(1.231)	(0.466)	(0.672)
Plurm	-0.019**	0.000	0.159**	0.151*	0.001	-0.001	-0.151*	-0.004
	(-2.514)	(0.821)	(1.967)	(1.885)	(0.473)	(-0.366)	(-1.725)	(-0.367)
Cir_stock	0.005	-0.003***	0.196***	0.131**	0.002	0.005***	-0.050	-0.006
	(0.805)	(-8.604)	(3.374)	(2.268)	(1.298)	(3.666)	(-0.711)	(-0.761)
Num_sholder	0.013***	-0.001***	-0.362***	-0.338***	0.006***	0.011***	-0.248***	-0.121***
	(2.799)	(-3.776)	(-7.083)	(-6.737)	(5.050)	(8.803)	(-4.720)	(-15.924)
$Strret^2$	0.589***	0.010***	1.600***	0.600***	0.027***	0.086***	-1.060***	-0.100***
	(13.295)	(8.645)	(8.211)	(3.227)	(2.641)	(8.700)	(-6.033)	(-4.167)
Lnprice	-0.021***	-0.003***	-0.758***	0.156***	0.003**	0.005***	0.561***	-0.035***
	(-4.429)	(-11.310)	(-16.374)	(3.495)	(2.483)	(4.740)	(10.982)	(-5.288)
Constant	0.678***	0.043***	4.499***	4.481***	-0.034	-0.038	7.102***	1.414***
	(6.829)	(8.039)	(4.036)	(4.116)	(-1.126)	(-1.204)	(5.829)	(8.286)
Observations	4,960	5,281	5,281	5,281	5,280	5,280	5,281	5,281
R-squared	0.269	0.180	0.256	0.174	0.054	0.206	0.089	0.340
Industry effects	YES	YES	YES	YES	YES	YES	YES	YES
Time effects	YES	YES	YES	YES	YES	YES	YES	YES
Firm clusters	YES	YES	YES	YES	YES	YES	YES	YES

越差；第一大股东持股比例（$Top1$）越高，股票流动性越差；但较高的股权集中度能显著降低零收益天数比率（$Zoros$）；执行董事占比（$Executive$）、换手率（$Lnturnover$）、交易量（$Lnvol$）、交易额（$Lndvol$）的回归系数均显著为负；"两职合一"（$Plurm$）在一定程度上有利于股票流动性。

市场特征变量与各流动性指标之间的回归系数显示，流通在外的股份数（Cir_stock）与换手率（$Lnturnover$）关系显著为负，与买卖价差（HL_no、HL_before）、交易规模变量（$Lnvol$、$Lndvol$）之间的系数显著为正。从各指标分析，流动股股数越多，股票可能的交易量越多，则交易规模越大；由于换手率是成交量和流通股总股数的比值，所以当成交量的增加量有限时，流动股股数与换手率呈显著负向关系。在较为稳定的市场上，流通股股数越多，价差越小，当市场波动较大时，交易风险加大，市场交易者和做市商均不想承担下单风险，反而会扩大价差。新三板市场自 2015 年下半年开始，市场行情一路走低，做市商数量有限，在双重不利因素下，流通股股数越多反而增加了做市商的库存风险，从而加大了买卖价差。

波动性（$Stkret^2$）与 $Amihud$ 指标的关系显著为正，与买卖价差指标（HL_no、HL_before）系数显著为负，由于 $Amihud$ 指标反映了股票的急涨暴跌程度，因此股票波动性越大，$Amihud$ 越高，同样交易成本增加，买卖价差也越大。同时，波动性（$Stkret^2$）与换手率（$Lnturnover$）、交易量（$Lnvol$）、交易额（$Lndvol$）的回归系数均显著为正，且能降低零收益天数比率（$Zeros$）和零收益天数比率冲击指标（$Zeros\_impact$），这反映出波动性越强的股票，其流动性越好，原因可能是新三板有相当一部分股票无成交，较高的价格波动性意味着该股票的交投较为活跃（陈辉，2017；郑建明等，2018）；股东户数（$Num\_sholder$）与 $Amihud$ 指标、买卖价差指标（HL_no、$HL\_$

before）系数显著为正，与换手率（*Lnturnover*）、交易量（*Lnvol*）、交易额（*Lndvol*）的回归系数显著为负，这说明较多的股东户数可能会增加信息风险，导致做市成本增加，进而降低流动性，但较多的股东户数可以降低零收益天数比率（*Zeros*）和零收益天数比率冲击指标（*Zeros_impact*）。此外，股票价格（*Lnprice*）越高，交易频率（*Lnturnover*）和交易规模（*Lnvol*）越小，但交易额会增加（*Lndvol*），较高的股票价格能降低新三板股票急涨暴跌的程度，但会增加股票交易成本。股价越高，零收益天数比率（*Zeros*）越低，但零收益天数比率冲击指标（*Zeros_impact*）越高，总体上不利于股票流动性。

表 5 - 3 基于两阶段 DID 模型得出的结果说明，企业引入做市商、选择做市交易后可显著降低买卖价差和减少零交易天数，股票的交易紧度显著降低，交易即时性显著增加；同时股票的换手率、交易量、交易额均显著降低，零收益天数比率冲击指标显著增加，这证实了做市转让降低了交易深度，且交易即时性的增加有限。做市商制度虽发挥了稳定市场、改善流动性的职能，但其流动性的提升效应受限。以上结果验证了假设 H3a、H3b。

二、基于 PSM – DID 模型的流动性效应检验

根据第四章分析的结果，由于做市商对拟做市企业的"精挑细选"，做市企业与协议企业之间存在较大差异，为解决因样本选择偏误带来的内生性问题，本部分采用 PSM 方法，通过最近邻匹配对每一个选择做市转让的企业（实验组），均只保留与其倾向得分值最为相近的一个协议转让企业（控制组），在进行匹配时，选取了 *Roe*、*Size*、*Growth*、*Level*、*Top*1、*Numdirector*、*Executive*、*Plurm*、*Cir_* stock 和 *Num_sholder* 作为匹配变量，匹配后的实验组和控制组各 167 家（匹配差异检验见表 5 – 4），表 5 – 4 显示，匹配后两组之间匹配变量的均值不存在显著差异。匹配前和匹配后的做市组和协议组企业倾向得分分布如图 5 – 2 所示，图 5 – 2（a）表示匹配前，图 5 – 2（b）表示匹配后，横轴为倾向得分值，纵轴为概率密度，实线代表实验组企业，虚线代表控制组企业。图 5 – 2（a）显示，两组样本在匹配前存在较大差异，图 5 – 2（b）显示经匹配后两组基本不存在显著差异。因此，PSM 较好地修正了两组之间的得分偏差，在一定程度上减少了因样本选择偏误带来的内生性问题。

表 5 – 4　匹配差异检验

变量	处理组均值	对照组均值	偏差%	t 值	p 值
Roe	15. 538	15. 39	0. 8	0. 08	0. 932
Size	19. 054	19. 097	− 4. 0	− 0. 36	0. 718
Growth	62. 272	62. 048	0. 2	0. 01	0. 989
Level	36. 064	37. 482	− 7. 1	− 0. 64	0. 562
*Top*1	42. 068	41. 523	3. 1	0. 28	0. 778
Numdirector	5. 919	5. 95	− 2. 3	− 0. 18	0. 854
Executive	0. 945	0. 943	1. 8	0. 15	0. 881
Plurm	0. 563	0. 525	7. 3	0. 66	0. 513
Cir_stock	16. 773	16. 766	0. 5	0. 05	0. 961
Num_sholder	3. 685	3. 686	− 0. 1	− 0. 01	0. 994

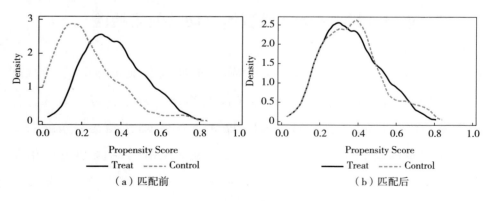

（a）匹配前　　　　　　　　　　（b）匹配后

图 5 – 2　倾向得分概率分布

为了保证实验组和控制组满足共同趋势假设，即在事件发生之前两组间共同趋势一致，从而观察事件对实验组和控制组的冲击影响，这里以一对一匹配后的样本为依据，选择衡量流动性重要的指标买卖价差（为避免负值，用了调整的买卖价差 HL_before）以及最直接的指标交易量（Lnvol）进行共同趋势检验（见图5–3、图5–4）。图5–3显示，在2015年11月（事件发生期）之前，协议组和做市组买卖价差的差异不大，维持在0.002～0.004；事件发生后，协议组样本的买卖价差依然在此区间范围内，并未出现显著降低，但做市组股票的买卖价差则显著降低至0.01以下，这说明做市组和协议组在事件发生后的买卖价差主要受交易方式变更的影响。图5–4显示，事件发生前（2015年11月至2016年1月为事件发生期），协议组的交易量略低于做市组，这与前文的分析一致，但是在企业更改交易方式后，做市组的股票交易量显著降低，而协议组交易量虽有一定减少，但不显著（这也印证了新三板市场持续走低的行情）。以上趋势检验显示，受交易方式改变的冲击，企业选择做市转让后买卖价差显著降低，交易量也显著降低。

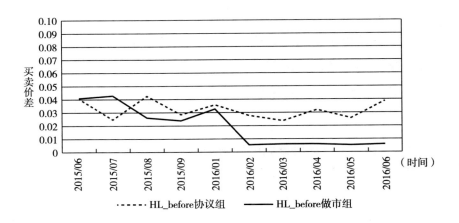

图5–3　协议组和做市组在事件发生前后的买卖价差趋势比较

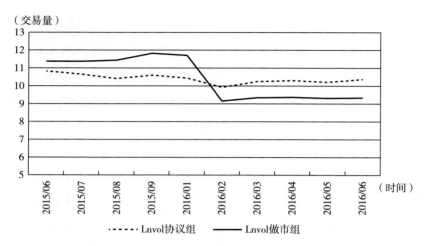

图 5 - 4 协议组和做市组在事件发生前后的交易量趋势比较

表 5 - 5 为采用 PSM 匹配后的样本基于 DID 模型的回归结果。结果显示，经 PSM 一对一匹配后，*TP* 与 *Amihud*、*HL_no*、*HL_before* 及 *Zeros* 的系数显著为负，与 *Lnturnover*、*Lnvol*、*Lndvol* 的回归系数也显著为负，这证明了选择做市能显著降低股票的急涨暴跌程度、交易成本及零收益天数比率，但同时降低了股票的交易频率和交易规模。这与前文的分析一致，一方面，做市商制度起到了降低股价波动、稳定市场的作用，能缩小市场紧度，增加交易的及时性；另一方面，由于做市商数量的局限性及可能失去的大宗交易机会，因此企业在选择做市转让后市场深度反而会降低。在控制变量中，企业特征、企业治理、市场特征变量与流动性分指标的关系与前文基本一致。

表 5 - 5 做市商制度的市场效应检验：PSM - DID 模型

变量	(1) *Amihud*	(2) *Lnturnover*	(3) *Lnvol*	(4) *Lndvol*	(5) *HL_no*	(6) *HL_before*	(7) *Zeros_impact*	(8) *Zeros*
Treat	- 0.041 ** (- 2.131)	0.005 *** (5.075)	0.859 *** (4.408)	0.797 *** (4.145)	0.004 (0.740)	0.006 (1.278)	- 0.411 ** (- 2.096)	- 0.018 (- 0.684)

续表

变量	(1) Amihud	(2) Lnturnover	(3) Lnvol	(4) Lndvol	(5) HL_no	(6) HL_before	(7) Zeros_impact	(8) Zeros
Period	0.038	− 0.005 ***	− 0.682 ***	− 0.645 ***	0.006	− 0.007	0.694 ***	0.185 ***
	(1.441)	(− 3.995)	(− 3.004)	(− 2.947)	(0.762)	(− 1.061)	(2.606)	(5.877)
TP	− 0.050 **	− 0.005 ***	− 1.649 ***	− 1.493 ***	− 0.015 ***	− 0.021 ***	0.288	− 0.267 ***
	(− 2.255)	(− 5.064)	(− 7.439)	(− 6.815)	(− 2.633)	(− 3.868)	(1.138)	(− 9.035)
Roe	− 0.001 ***	0.000 ***	0.020 ***	0.021 ***	0.000	0.000	− 0.012 **	− 0.001
	(− 2.825)	(3.219)	(2.879)	(3.127)	(1.458)	(0.929)	(− 2.140)	(− 1.305)
Size	− 0.035 ***	0.002 ***	0.515 ***	0.607 ***	− 0.000	− 0.004	− 0.373 ***	− 0.002
	(− 3.192)	(3.175)	(4.283)	(5.424)	(− 0.074)	(− 1.352)	(− 2.653)	(− 0.094)
Growth	− 0.000 *	0.000 **	0.001 **	0.001 **	− 0.000	− 0.000	− 0.000	− 0.000
	(− 1.937)	(1.992)	(2.163)	(2.259)	(− 1.118)	(− 1.615)	(− 1.176)	(− 0.050)
Level	− 0.000	− 0.000	− 0.005	− 0.007 *	0.000	0.000 *	0.004	0.000
	(− 0.026)	(− 1.133)	(− 1.230)	(− 1.858)	(0.503)	(1.752)	(0.930)	(0.305)
Top1	0.000	− 0.000	− 0.007 *	− 0.006	− 0.000	− 0.000	0.004	− 0.001
	(1.028)	(− 0.909)	(− 1.747)	(− 1.553)	(− 0.778)	(− 1.205)	(0.894)	(− 0.940)
Numdirector	− 0.000	− 0.000 *	− 0.072	− 0.055	0.001	0.001	0.093 *	0.004
	(− 0.047)	(− 1.941)	(− 1.499)	(− 1.141)	(0.975)	(0.650)	(1.774)	(0.435)
Executive	0.052	− 0.002	− 0.878	− 0.767	0.016	0.026 **	0.686	− 0.009
	(1.089)	(− 0.664)	(− 1.406)	(− 1.211)	(1.382)	(2.123)	(1.024)	(− 0.092)
Plurm	− 0.027 ***	0.001	0.330 ***	0.376 ***	− 0.001	− 0.002	− 0.237 *	− 0.004
	(− 2.822)	(0.958)	(2.635)	(3.034)	(− 0.478)	(− 0.934)	(− 1.787)	(− 0.204)
Cir_stock	0.006	− 0.002 ***	0.211 *	0.142	0.001	0.007 ***	0.077	− 0.024
	(0.496)	(− 3.415)	(1.839)	(1.257)	(0.246)	(3.176)	(0.645)	(− 1.361)
Num_sholder	− 0.001	− 0.000	− 0.170 **	− 0.170 **	0.005 **	0.007 ***	− 0.418 ***	− 0.147 ***
	(− 0.164)	(− 0.479)	(− 2.108)	(− 2.089)	(2.486)	(3.581)	(− 4.936)	(− 11.031)
Stkret^2	0.518 ***	0.009 ***	1.380 ***	0.404	0.027	0.099 ***	− 0.772 **	− 0.114 ***
	(6.771)	(4.610)	(4.166)	(1.283)	(1.517)	(7.025)	(− 2.494)	(− 3.093)
Lnprice	− 0.021 ***	− 0.002 ***	− 0.574 ***	0.301 ***	0.003 *	0.007 ***	0.290 ***	− 0.039 ***
	(− 2.704)	(− 4.713)	(− 6.773)	(3.786)	(1.713)	(3.150)	(2.995)	(− 3.496)
Constant	0.717 ***	0.016 *	0.241	− 0.402	− 0.039	− 0.078	6.565 ***	1.729 ***
	(4.842)	(1.882)	(0.126)	(− 0.213)	(− 0.745)	(− 1.458)	(3.049)	(5.564)

续表

变量	(1) Amihud	(2) Lnturnover	(3) Lnvol	(4) Lndvol	(5) HL_no	(6) HL_before	(7) Zeros_ impact	(8) Zeros
Observations	1, 899	1, 967	1, 967	1, 967	1, 967	1, 967	1, 967	1, 967
R – squared	0. 296	0. 218	0. 299	0. 302	0. 071	0. 258	0. 106	0. 449
Industry effects	YES	YES	YES	YES	YES	YES	YES	YES
Time effects	YES	YES	YES	YES	YES	YES	YES	YES
Firm clusters	YES	YES	YES	YES	YES	YES	YES	YES

三、基于多期 DID 模型的流动性效应检验

由于做市转让时间的非一致性，新三板市场行情的不稳定有可能影响政策的评价效果，因此该部分进一步采用多期 DID 模型分析企业转为做市后流动性变化的净效应。表 5 – 6 为基于筛选的 1039 个样本，利用模型 5 – 2，以流动性的分指标为被解释变量，以企业转为做市前后设置虚拟变量 D_{it}（根据第 86 页脚注 1 的解释，表格中统一简写为 TP）为解释变量，基于多期 DID 模型的回归结果。

表 5 – 6　做市商制度的流动性效应检验：多期 DID 模型

变量	(1) Amihud	(2) Lnturnover	(3) Lnvol	(4) Lndvol	(5) HL_no	(6) HL_before	(7) Zeros_ impact	(8) Zeros
TP	− 0. 014 *** (− 2. 923)	− 0. 006 *** (− 13. 759)	− 1. 693 *** (− 19. 064)	− 1. 547 *** (− 17. 465)	− 0. 018 *** (− 10. 756)	− 0. 015 *** (− 7. 460)	0. 247 ** (2. 331)	− 0. 192 *** (− 17. 192)
Roe	− 0. 000 *** (− 6. 242)	0. 000 *** (6. 002)	0. 008 *** (5. 063)	0. 009 *** (5. 397)	− 0. 000 (− 0. 538)	− 0. 000 (− 0. 680)	− 0. 009 *** (− 4. 264)	− 0. 001 *** (− 3. 020)
Size	− 0. 014 *** (− 6. 877)	0. 001 *** (2. 773)	0. 238 *** (5. 476)	0. 263 *** (5. 932)	0. 000 (0. 861)	− 0. 001 *** (− 2. 635)	− 0. 198 *** (− 4. 021)	0. 012 * (1. 804)

续表

变量	(1) Amihud	(2) Lnturnover	(3) Lnvol	(4) Lndvol	(5) HL_no	(6) HL_before	(7) Zeros_ impact	(8) Zeros
Growth	-0.000	0.000***	0.001***	0.001***	0.000*	0.000**	-0.001***	-0.000***
	(-1.167)	(5.999)	(5.053)	(5.218)	(1.796)	(2.194)	(-4.248)	(-4.416)
Level	0.000***	-0.000	-0.003**	-0.003**	-0.000	0.000*	0.001	-0.000*
	(2.939)	(-0.407)	(-2.010)	(-2.131)	(-0.534)	(1.861)	(0.556)	(-1.692)
Top1	0.000	0.000	-0.001	-0.002	0.000	0.000	-0.002	-0.001***
	(0.046)	(0.193)	(-0.933)	(-1.116)	(0.954)	(1.432)	(-1.082)	(-3.429)
Numdirector	-0.001	-0.000	0.005	0.005	-0.000	-0.000**	0.019	0.003
	(-1.311)	(-0.641)	(0.235)	(0.258)	(-1.088)	(-2.036)	(0.815)	(0.846)
Executive	-0.007	-0.001	-0.326	-0.347	0.002	0.003	0.344	0.002
	(-0.946)	(-1.166)	(-1.528)	(-1.598)	(0.893)	(1.328)	(1.494)	(0.062)
Plurm	-0.006***	0.001***	0.126***	0.127***	0.000	0.000	-0.069	-0.012*
	(-3.296)	(2.814)	(2.901)	(2.915)	(0.291)	(0.311)	(-1.341)	(-1.669)
Cir_stock	-0.004**	-0.002***	0.240***	0.218***	0.001**	0.002***	-0.009	-0.035***
	(-2.305)	(-8.586)	(5.966)	(5.351)	(2.008)	(5.044)	(-0.171)	(-5.404)
Num_sholder	-0.017***	0.003***	0.486***	0.467***	0.003***	0.005***	-0.748***	-0.169***
	(-12.234)	(14.762)	(13.869)	(13.153)	(6.540)	(9.553)	(-20.860)	(-34.185)
Stkret^2	0.429***	0.027***	3.817***	1.796***	0.019*	0.162***	-2.035***	-0.149***
	(18.919)	(13.305)	(11.575)	(5.149)	(1.726)	(17.095)	(-6.494)	(-3.613)
Lnprice	-0.032***	-0.001***	-0.293***	0.661***	0.001	0.002***	0.289***	-0.036***
	(-21.388)	(-3.233)	(-9.053)	(19.843)	(1.460)	(4.715)	(6.600)	(-7.328)
Constant	0.585***	0.019***	0.534	0.559	-0.031***	-0.028***	7.510***	1.987***
	(19.575)	(5.584)	(0.791)	(0.822)	(-3.894)	(-3.721)	(9.770)	(19.682)
Observations	22,402	22,641	22,641	22,641	22,641	22,641	22,641	22,641
R-squared	0.319	0.292	0.364	0.438	0.072	0.297	0.153	0.400
Industry effects	YES	YES	YES	YES	YES	YES	YES	YES
Time effects	YES	YES	YES	YES	YES	YES	YES	YES
Firm clusters	YES	YES	YES	YES	YES	YES	YES	YES

表 5-6 的结果显示，TP 与 Amihud、HL_no、HL_before 及 Zeros 的系数显著为负，与 Lnturnover、Lnvol、Lndvol 的回归系数也显著为

负，这与前文的基于 PSM – DID 模型的回归结果完全一致，证明了选择做市能显著降低股票的急涨暴跌程度、交易成本及零收益天数比率，但同时降低了股票的交易频率和交易规模。此外，TP 与零收益天数比率冲击指标（$Zeros\_impact$）的系数显著为正，这与表5 – 3 的结果完全一致，证明了股票转为做市转让后零收益天数比率降低，但是远低于分母交易量的降低幅度，这说明做市商制度并未有效地提升股票流动性。

控制变量结果跟前文的结果基本一致，各阶段样本的选择均有一定的代表性。其中，成长性（$Growth$）越好，股票交易频率和交易规模越大，但是较高的成长性同时也意味着较大的交易风险。根据前文的理论分析，做市商可能设定较大的买卖价差以弥补交易风险，因此，$Growth$ 与买卖价差指标（HL_no、HL_before）系数分别在 10% 和 5% 的水平上显著为正。

此部分的基于多期 DID 模型的回归结果显示，做市商制度有利于降低市场紧度、增加交易即时性，但不利于增加市场深度，所以流动性提升效应有限。

本章小结

交易机制是证券市场的核心要素。做市商制度是一种重要的证券交易制度，其承担着提高流动性、降低信息风险、稳定市场的任务（Kedia and Zhou，2011）。已有文献对做市商制度的实施进行了研究，但由于指标选取、样本区间差异性较大等原因，并未形成一致结论（何牧原和张昀，2017；陈辉和顾乃康，2017；郑建明等

2018）。为此，本书进行了如下拓展：一是拓展了研究样本区间。一方面，采用两阶段 DID 模型，选择市场行情相近的两个阶段 2015 年 6 月至 2015 年 10 月、2016 年 2 月至 2016 年 6 月分别为基期和对照期，2015 年 11 月至 2016 年 1 月为事件发生期，检验事件发生前后的流动性变化；另一方面，由于企业协议转做市的非同期性特征，借鉴 Beck 等（2010）的多期 DID 模型，选择 2015 年 1 月至 2017 年 12 月为研究区间，研究区间内所有转做市企业做市前后的流动性变化，样本区间的多样化能在最大程度上避免受行情影响带来的结果偏差。二是拓展了流动性度量指标。在以往研究中度量指标具有一定的局限性，何牧原和张昀（2017）主要采用交易量、交易额和换手率指标来度量股票流动性，陈辉和顾乃康（2017）主要采用 *Amihud* 指标、非零交易天数、交易量和换手率指标来度量股票流动性。本书采用买卖价差、*Amihud* 指标、换手率、交易量、交易额、零收益天数比率、零收益天数比率冲击指标，从市场紧度、深度、即时性等多维度度量股票流动性。三是拓展了研究方法。以往研究多采用两阶段 DID 模型，本书纳入 PSM – DID 模型以克服样本选择偏差对研究结果的影响，进一步借鉴 Beck 等（2010）的做法，采用了多期 DID 模型对做市商制度的流动性效应进行了检验。

研究结果显示，企业由协议转让转为做市转让后，买卖价差、Amihud、零收益天数比率显著降低，这证明了做市商制度缩小了市场紧度、增加了交易即时性，降低了股票交易成本和股价"急涨暴跌"的程度；同时，交易量、交易额、换手率显著降低，零收益天数比率冲击指标显著增加，这证明了做市商制度的实施降低了市场深度。总体而言，做市商制度有稳定市场、提高流动性的作用，但其流动性提升效应有限。

第六章 做市商制度流动性效应的影响因素检验

本书第四章的研究结果显示，企业质量能显著影响其交易方式的选择及做市商的偏好，高声誉的做市商也更加青睐高质量的做市企业。第五章的研究结果显示，企业选择做市转让后，买卖价差、Amihud、零交易天数比率显著降低，但是交易规模也显著降低。那么，这些由协议转让转为做市转让的企业，拥有高声誉做市商后是否更有利于股票交易呢？除了做市商声誉之外，还有什么因素会影响做市商制度的市场效应呢？

根据前文的分析，企业选择做市转让后，交易量、交易额及换手率显著降低。一方面，由于做市转让方式下不利于进行大额交易；另一方面，因为做市商数量有限，当为该企业做市的做市商数量很少时，就会形成寡头垄断现象，这不但会影响交易数量，还可能会引起做市商的"合谋"行为。因此，做市商数量有可能成为影响做市商制度流动性效应的重要因素。此外，考虑到小市值企业更易出现股价操纵，引发交易风险，此章纳入市值变量，分析股票市值对企业由协议转为做市后流动性变化的影响。

为深度剖析影响流动性变化的影响因素，此章拟从如下方面进行实证分析：第一，以2014年8月做市商制度的实施作为"准自然实验"，由于企业由协议转做市时点的不确定性，借鉴第五章的多期

DID 模型，以由协议转让转为做市转让的企业为研究样本，纳入做市商数量、企业市值因素，检验企业由协议转为做市后，其拥有的做市商数量以及市值大小，是否会影响做市商制度的流动性效应。第二，为检验券商声誉对股票流动性的影响，采用 OLS 模型，以券商（主办券商、做市商）声誉为解释变量、以流动性为被解释变量，检验两者之间的相关关系。第三，采用多期 DID 模型，以协议转让转为做市转让的企业为研究样本，纳入券商声誉变量，分别检验企业转为做市后，其拥有高声誉的主办券商或做市商，是否会影响做市商制度的流动性效应。

第一节　理论分析与假设提出

一、做市商数量与流动性效应

Ho 和 Stoll（1983）研究了一个竞争性代理商模型中的价格确定问题，该模型引入了两个互相竞争的做市商，他们提出，如果只有两个代理商，市场价差本质上是垄断价差，其大小由代理商的存货头寸决定，如果多于两个做市商，价差会减小。已有研究证实做市商越多，越有利于股票以趋近于中间价格进行成交，实现其价格发现功能。如果市场上做市商数量过少，在下跌行情下，做市商出于降低成本、减少交易风险的考虑，会减持企业股票，当投资者想要购买股票时，没有足够的做市商提供报价及库存股票，因此，会进一步削弱股票流动性；进一步分析，如果做市商数量过少，做市商可能出现"合谋""垄断"等现象，加上市场实时监管不足，使其在必须持续参与并满足最高报价限制的条件下，缺乏缩小买卖价差以提高自身市场竞争优势的积极性，导致做市商的双边报价功能及效果受限。此外，假如只有两个做市商，且持有较少的库存股票，一旦投资者较多购入，则会引起价格波动，不利于股票交易。

根据前文的分析，做市商数量较少，会减少股票交易规模，那么当做市企业拥有较多做市商时，是否会有利于提升交易规模呢？一方面，较多的做市商会形成良性竞争，使买卖报价更接近股票的真实价值，吸引更多的投资者进入；另一方面，做市商作为专业的券商机构，较多的做市商会增加企业的信息透明度，降低他们与知情交易者交易的可能性，因此，会降低股票交易成本和流动性风险。

基于以上分析，提出假设 H4。

H4：做市商数量会显著影响股票流动性，市值越大的企业在一定程度上越能提升做市商制度的流动性效应。

二、企业市值与流动性效应

对不同的企业而言，做市商对股票交易的参与因企业特征的不同而异。已有研究（Chordia et al.，2001；Acharya and Pedersen，2005；Kamara et al.，2008）表明，企业的规模是流动性的重要影响因素，企业规模越大，信息不对称的程度越低，参与交易的投资者越多，股票的流动性也越高。因此，一般大企业股票的流动性比小企业要高。

Venkataraman 和 Waisburd（2007）检验了指定做市商在巴黎证券交易所的作用，发现了有指定做市商的企业相比没有指定做市商的企业拥有更好的市场质量，尤其对于流动性较差的企业，能够较大程度地受益于做市商提供的流动性服务，即轻交易量企业更能从做市商提供的流动性服务中获益。指定做市商的引入会显著降低流动性风险（Menkveld and Wang，2013），那些有可能和资本市场互动（发行股票或回购股份）的企业更愿意聘请指定做市商（Skjeltorp and Odegaard，2015）。对于中小市值股票来说，低流动性股票会有较高的流动性风险（Acharya and Pedersen，2005）。指定做市商的参与能够显著降低中小市值股的流动性风险和资本成本（Menkveld and Wang，2013）。

　　但是对于中小市值股而言，较低的流动性水平和较高的流动性风险会导致做市商要求较高的必要报酬率，这也导致中小市值企业资本成本大幅提高（Menkveld and Wang，2013）。在流动性很低的极端市场条件下，需要强加给做市商保证市场流动性持续稳定的责任和义务（Buti，2007），企业签订合同聘任指定做市商可以提升企业价值和福利，这种合同被视为弥补市场不完善的一种解决方案，特别是对于规模小的成长性企业（Bessembinder et al.，2015）更有利。NYSE市场的专家是被密切管制且受明确义务约束以维持"公平和有序的市场"的。Egginton（2014）指出，制度的限制会督促做市商维持市场的公平有序，而一旦约束机制发生改变，做市商行为很容易发生偏移。与普通做市商不同，指定做市商在极端市场条件下，仍然有义务进行交易，虽然有可能无法盈利甚至导致亏损，但他们不得不交易以帮助股东应对非系统性风险，所以泛欧证券交易所（Euronext N. V.）允许小盘股企业在支付一定年费的情况下雇用指定做市商以保证其股票的最低流动性，这被称为流动性担保（Menkveld and Wang，2013）。

　　通过已有文献发现，在健全的担保制度下，流动性较差的企业会更多地受益于做市商提供的流动性服务。但如果缺乏强制性担保条件，对于市值较低的企业而言，由于交易成本增大且存在较大的流动性风险，导致在非理性市场条件下，做市商参与意愿降低，更不利于吸引作为非知情交易者的投资者。

新三板市场引入做市商制度之初，做市企业数量出现了较大幅度的增长。从做市商层面分析，做市商急于扩大做市规模，一是为了满足股转系统对做市商执业情况的考核和排名①，做市商会主动或被动地增加做市企业数量；二是除做市业务外，券商可借助做市延伸潜在业务，如持续督导、发行股票、企业 IPO 辅导等。从企业层面分析，选择做市交易可实现企业价值的再发现并重新定价，提升品牌效应、预期的股票流动性等作用。因此，企业会产生从众心理，特别是不适合做市的企业由于缺乏专业判断而盲目做市。以上原因直接削弱了做市商筛选做市企业质地的动力，使做市企业具有明显的异质性特征。由于新三板市场对做市商监管约束不足、缺乏流动性担保，导致市场整体流动性偏低。对市值较低的企业而言，在选择做市转让之后，因存在较大的库存风险和流动性风险，较高的做市成本会降低融资效率，失去协议转让的原有优势，从而导致流动性不足。而大市值企业由于发展相对成熟，收益较为稳定，具有更强的风险承担能力，做市商可能会优先对其制定适宜的交易策略，因此，大市值企业采用做市交易后可能更易获得资本的青睐，进而提高股票流动性。

基于以上分析，提出假设 H5。

H5：企业市值会显著影响股票流动性，市值越大的企业在一定程度上越能提升做市商制度的流动性效应。

---

① 股转系统每周发布的《做市商执业情况周报》，会对做市商的执业情况进行排名。其中，做市企业数量、累计推荐挂牌企业数量等均为衡量做市商执业情况的重要指标。

三、券商声誉与流动性效应

现有券商声誉的相关文献表明，交易主体及金融中介的声誉有利于减少交易的不确定性，清理市场上的不确定性信号（胡旭阳，2003）。从前文分析可知，券商在资本市场中可发挥"信息生产"和"认证中介"的职能。从信息生产的视角分析，高声誉的券商会提供更专业、更准确的信息，更好地降低企业和投资者之间的信息不对称程度。魏明海等（2017）提出拥有高声誉的审计师、承销商和高信用评级的发债企业，其财务情况更好，会有较高质量的会计信息，投资者的违约风险和信用风险也会更低。因此，企业如果拥有声誉较好的做市商，则有利于增加个股交易的透明度，进而降低股票交易成本。从认证中介的视角分析，由于缺乏充分可靠的信息，外部投资者往往依赖于专业金融中介的声誉作为拟投资企业的质量担保。券商声誉是过去行为的综合记录，拥有高声誉的券商认证会传递出企业高质量的信号（Chemmanur and Fulghieri，1994）。高声誉券商进行担保业务时，也会避免自身声誉受损，因此会更好地为委托单位提供专业服务以维持自身声誉。陈运森和宋顺林（2017）发现当承销商声誉受损后，投资者会出现明显的市场反应，关联企业的股价会显著下跌，且关联企业在IPO再融资时有可能更换承销商。张学勇和张秋月（2018）的研究也发现，相比声誉受损的券商，声誉未受损的券商的确具有更好的认证效果。朱虹和王博（2016）分析了声誉效应和资金流效应对资产管理人投资决策的影响发现，不同声誉地位的经理人的风险承担决策不同，高声誉的经理人会倾向于更稳健的风险决策以维持声誉地位。因此，做市企业如拥有高声誉的做市商意味着能得到专业机构的认可，会增加投资者的信任程度，有利于吸引更多投资者的参与。

此外，根据前文分析，做市商数量严重不足，不但会导致做市商提供的买卖价格缺乏活跃度，也易导致做市商之间的合谋及垄断行为。已有研究发现，高声誉券商能在一定程度上减少内幕交易。Ramirez 和 Yung（2000）以 1880～1991 年美国市场上因涉嫌内幕交易而被调查的券商为研究对象，研究券商声誉能否抑制内幕交易行为，他们发现从企业 IPO 的第六年后，低声誉券商的内幕交易行为显著高于高声誉券商。

从市场现状分析，新三板的不确定性及信息壁垒对市场流动性产生了重要影响。《中国新三板市场发展报告（2017）》显示，新三板市场存在信息披露不真实、不充分、不严谨的问题。如做市企业能拥有高声誉的券商，能有效督促企业披露高质量的信息，高声誉券商的"信息生产"和"认证中介"功能，会有效降低市场不确定性对股票的冲击，其为企业提供担保，这能在极大程度上吸引市场投资者的参与。同时，高声誉券商能减少因做市商数量匮乏带来的交易动力不足和隐形合谋问题，有助于企业在股票市场上顺利交易。

但是，由于主办券商和做市商的业务范围存在较大差异，所以高声誉主办券商和高声誉做市商都会影响股票流动性吗？对主办券商而言，其主要职责是推荐挂牌和持续督导，前文结果证明，由于督导企业数量较多且不受股票交易风险的影响，主办券商对拟推荐或督导企业存在"多多益善""囫囵吞枣"的现象，故券商履行主办券商职责时，很可能未能发挥"信息生产"及"认证中介"的职能，这导致高声誉主办券商对股票交易的影响应该是微乎其微的。对做市商而言，其主要职能是提供买卖报价以促进交易，一方面，做市商为减少自身交易成本和风险，会考量企业的交易稳定性和持续性；另一方面，高声誉做市商提供的专业信息必然有利于股票交易，因高声誉做市商能够传递企业质量良好的信息，同时高声誉做市商的做市能力较强，进而能显著提升股票流动性。

基于以上分析，提出假设 H6。

H6a：主办券商声誉不会显著影响股票流动性，拥有高声誉主办券商的企业不会提升做市商制度的流动性效应。

H6b：做市商声誉会显著影响股票流动性，拥有高声誉做市商的企业在一定程度上能提升做市商制度的流动性效应。

第二节　研究设计

一、模型设计

根据前文分析，多期 DID 模型较为适合政策实施时间非一致性的效应检验。为了检验不同做市企业的特征下，做市商制度政策效应的差异，此节将模型 5 – 2 扩展为包含其他做市企业质量差异变量（做市商数量、企业市值、券商声誉）的模型 6 – 1：

$$Y_{i,t} = \sigma + \beta_1 D_{i,t} + \beta_2 D_{i,t} \times Z_{i,t} + \beta_3 Z_{i,t} + \delta X_{i,t} + \varepsilon_{i,t} \qquad （模型 6 – 1）$$

如前文所述，Y_{it} 是 t 月个股 i 的流动性，X_{it} 是随时间变化的控制变量，D_{it} 是虚拟变量，事件发生后取 1，其余为 0。$Z_{i,t}$ 是可能影响政策效用的企业相应特征变量，即企业市值（$Lntvalue_{it}$）、做市企业拥有的做市商数量（$Mmnumber$）、主办券商声誉（$Sponsor\_asset$, $Sponsor\_number$, $Sponsor\_total$, $Sponsor\_ranking$）以及做市商声誉（$Mm\_$

asset，*Mm_number*，*Mm_tradshare*，*Mm_profit*，*Mm_total*，*Mm_ranking*）。为尽量控制时间效应和个体效应，模型 6 – 1 分别设置了行业和月份的虚拟变量加以控制，并按照企业股票代码进行了 Cluster 处理。

二、数据与样本

依据前文分析，此节以 2015 年 1 月至 2017 年 12 月为研究区间，剔除了挂牌即做市或在研究区间一直为做市的样本、做市前后有交易缺失的样本、一直协议转让的样本以及做市企业退出做市后的样本，共选择了 1039 家做市企业为研究样本。

三、变量选取与定义

参照前文，此节选择的被解释变量是股票流动性的分指标（*Amihud*、*Lnturnover*、*HL_no*、*HL_before*、*Zeros*、*Zeros_impact*、*Lnvol*、*Lndvol*），解释变量为 *D*（表格中统一为 *TP*）、*D* × *Z*、*Z*[①]。在分析做市商数量、企业市值、券商声誉的影响作用时，设置做市商数量 *Number*（为做市企业提供做市服务的做市商数量）、企业市值的代理变量 *Lntvalue*（企业总市值的自然对数）及券商声誉变量（主办券商声誉、做市商声誉变量）分别作为解释变量。控制变量为企业特征、企业治理与市场特征变量，变量的定义与前文一致。

---

① *D* 是虚拟变量，企业转为做市之前取 0，转为做市以后取 1，*Z* 是可能影响政策效用的企业相应特征变量，此部分主要纳入了企业市值、做市企业拥有的做市商数量、主办券商声誉以及做市商声誉等变量，*D* × *Z* 考察的是纳入企业相应特征变量后对做市商制度流动性效应的影响。

第三节 回归结果分析

一、做市商数量对做市商制度流动性效应的影响分析

Weston（2000）研究发现，经销商的数量变化与报价价差、收益波动、企业规模负相关，与交易量和交易数量变化正相关（Chung and Chuwonganant，2014）。根据前文分析，这里对选择做市交易的股票所拥有的做市商数量与股票流动性的关系展开进一步研究。虽然做市交易在新三板市场产生了"流动性悖论"，但在已经选择做市交易的股票中，是否拥有较多的做市商会打破"流动性悖论"，获得较高流动性呢？这值得继续探讨。此节采用基于多期 DID 的模型 6－1，以股票流动性为被解释变量，以 *TP*、做市企业拥有的做市商数量（*Number*）、*TP × Number* 为解释变量，以企业特征、企业治理和市场特征变量为控制变量，进行回归分析（见表 6－1）。回归结果表明，*TP × Number* 与 *Amihud*、*HL_no*、*HL_before*、*Zeros_impact* 的系数显著为负，与 *Lnturnover*、*Lnvol*、*Lndvol* 的系数显著为正，这说明对于选择做市转让的企业，其拥有越多的做市商数量，则交易频率越高、交易规模越大，同时做市商之间的竞争机制使得股票交易成本也越低。*TP × Number* 与 *Zeros* 之间的关系并不显著，这说明做市企业拥有较多的做市商却未显著减少其零收益率天数。原因是做市商制度本身的规则已经在较大程度上规定了股票交易的时间，所以对减少零收益率天数的影响并不显著。受交乘项及其系数的影

响，*TP*、*Number* 与流动性指标的系数并无太大经济意义。控制变量对流动性的影响结果与前文基本一致。表 6 - 1 结果证实，拥有做市商数量较多的企业，其交易价格越接近中间价格，越有利于实现股票合理估值，更易引起市场的注意，获得投资者的偏好。流动性各维度度量指标显示，在做市商数量调节下的流动性相比协议转让时出现显著提升，做市商数量对市场紧度、深度等均有显著的积极影响作用。在当前市场条件下，做市商的引入更有利于大市值企业。以上结果反映了做市商数量会影响交易制度的实施效果，印证了前文理论分析及假设 H4，说明了做市商数量的匮乏是新三板市场深度不足的原因之一。

表 6 - 1　做市商数量的市场效应检验：多期 DID 模型

变量	(1) Amihud	(2) Lnturnover	(3) Lnvol	(4) Lndvol	(5) HL_no	(6) HL_before	(7) Zeros_impact	(8) Zeros
TP	0.003	− 0.008 ***	− 2.254 ***	− 2.123 ***	− 0.008 ***	− 0.001	0.717 ***	− 0.182 ***
	(0.410)	(− 14.082)	(− 19.666)	(− 18.342)	(− 3.037)	(− 0.186)	(5.922)	(− 11.237)
TP × Number	− 0.003 ***	0.000 ***	0.116 ***	0.119 ***	− 0.002 ***	− 0.003 ***	− 0.091 ***	− 0.003
	(− 4.119)	(6.765)	(9.205)	(9.197)	(− 4.659)	(− 5.766)	(− 7.439)	(− 1.168)
Number	− 0.001	0.000 **	0.013	0.013	0.002 ***	0.002 ***	0.039 ***	− 0.005 **
	(− 1.088)	(2.156)	(0.942)	(0.992)	(3.934)	(4.531)	(3.238)	(− 2.429)
Roe	− 0.000 ***	0.000 ***	0.006 ***	0.007 ***	− 0.000	− 0.000	− 0.008 ***	− 0.001 **
	(− 5.333)	(4.865)	(3.822)	(4.204)	(− 0.510)	(− 0.470)	(− 3.817)	(− 2.274)
Size	− 0.010 ***	0.000	0.128 ***	0.150 ***	0.000	− 0.001 ***	− 0.163 ***	0.020 ***
	(− 5.217)	(0.493)	(3.136)	(3.592)	(0.585)	(− 2.754)	(− 3.301)	(2.955)
Growth	− 0.000	0.000 ***	0.001 ***	0.001 ***	0.000 *	0.000 **	− 0.001 ***	− 0.000 ***
	(− 0.793)	(6.034)	(5.115)	(5.301)	(1.939)	(2.436)	(− 4.009)	(− 4.130)
Level	0.000 **	0.000	− 0.002	− 0.002	− 0.000	0.000 ***	0.001	− 0.000 **
	(2.506)	(0.345)	(− 1.453)	(− 1.615)	(− 0.304)	(2.069)	(0.388)	(− 2.043)
Top1	− 0.000	0.000	− 0.001	− 0.001	0.000	0.000	− 0.002	− 0.001 ***
	(− 0.081)	(0.472)	(− 0.881)	(− 1.088)	(0.898)	(1.328)	(− 1.143)	(− 3.584)

续表

变量	(1) Amihud	(2) Lnturnover	(3) Lnvol	(4) Lndvol	(5) HL_no	(6) HL_before	(7) Zeros_ impact	(8) Zeros
Numdirector	−0.001	−0.000	−0.011	−0.011	−0.000	−0.000 *	0.025	0.004
	(−0.708)	(−1.620)	(−0.637)	(−0.623)	(−1.014)	(−1.876)	(1.085)	(1.204)
Executive	−0.004	−0.002 *	−0.414 **	−0.438 **	0.002	0.003	0.365	0.010
	(−0.554)	(−1.849)	(−2.250)	(−2.342)	(0.694)	(1.144)	(1.589)	(0.306)
Plurm	−0.005 ***	0.001 ***	0.108 ***	0.109 ***	0.000	0.000	−0.060	−0.011
	(−3.167)	(2.654)	(2.819)	(2.831)	(0.504)	(0.612)	(−1.174)	(−1.542)
Cir_stock	−0.002	−0.002 ***	0.177 ***	0.153 ***	0.001 **	0.002 ***	0.017	−0.031 ***
	(−1.074)	(−10.804)	(4.788)	(4.081)	(2.201)	(5.591)	(0.321)	(−4.832)
Num_sholder	−0.012 ***	0.002 ***	0.328 ***	0.305 ***	0.003 ***	0.005 ***	−0.690 ***	−0.159 ***
	(−8.840)	(11.370)	(10.023)	(9.271)	(6.034)	(9.141)	(−18.859)	(−30.879)
$Stkret^2$	0.430 ***	0.028 ***	3.884 ***	1.875 ***	0.017	0.159 ***	−2.130 ***	−0.148 ***
	(19.150)	(13.828)	(12.429)	(5.633)	(1.554)	(16.822)	(−6.863)	(−3.599)
Lnprice	−0.029 ***	−0.001 ***	−0.387 ***	0.565 ***	0.001	0.002 ***	0.326 ***	−0.029 ***
	(−20.729)	(−6.656)	(−13.269)	(18.668)	(1.440)	(4.722)	(7.176)	(−5.831)
Constant	0.447 ***	0.040 ***	4.735 ***	4.885 ***	−0.040 ***	−0.044 ***	5.769 ***	1.726 ***
	(14.268)	(11.761)	(7.317)	(7.489)	(−4.541)	(−5.357)	(6.763)	(16.427)
Observations	22,386	22,624	22,624	22,624	22,624	22,624	22,624	22,624
R−squared	0.338	0.327	0.401	0.474	0.083	0.319	0.159	0.406
Industry effects	YES	YES	YES	YES	YES	YES	YES	YES
Time effects	YES	YES	YES	YES	YES	YES	YES	YES
Firm clusters	YES	YES	YES	YES	YES	YES	YES	YES

二、企业市值对做市商制度流动性效应的影响分析

为检验企业市值对做市商制度与流动性效应之间关系的影响效果，这里采用模型6−1，以股票流动性为被解释变量，以 TP（虚拟变量，做市前 $TP=0$，做市后 $TP=1$）、企业市值（$Lntvalue$）、$TP \times$

Lntvalue 为解释变量，为避免多重共线性，以剔除企业规模（*Size*）、流通股股数（*Cir_stock*）以及股票价格（*Lnprice*）后的企业特征、企业治理和市场特征变量为控制变量，进行回归分析（见表 6 – 2）。结果显示，*TP* × *Lntvalue* 与 *Amihud*、*HL_no*、*HL_before*、*Zeros_impact* 的系数显著为负，与 *Lnturnover*、*Lnvol*、*Lndvol* 的系数显著为正，这说明市值较大的企业转为做市以后流动性显著增加，市值特征对做市商制度的流动性效应有显著的正向作用。*TP* × *Lntvalue* 与 *Zeros* 之间的关系并不显著，这说明市值因素并不会显著影响股票零收益率天数，原因可能是做市商制度在较大程度上对股票交易的时间进行了规定，因此市值因素的影响并不显著。受 *TP* × *Lntvalue* 及交乘项系数的影响，*TP*、*Lntvalue* 的系数并无太大经济意义。表 6 – 2 中控制变量的结果与前文基本一致。

表 6 – 2　企业市值、做市商制度与流动性效应：多期 DID 模型

变量	(1) Amihud	(2) Lnturnover	(3) Lnvol	(4) Lndvol	(5) HL_no	(6) HL_before	(7) Zeros_impact	(8) Zeros
TP	0.577 ***	−0.080 ***	−18.861 ***	−17.765 ***	0.114 ***	0.198 ***	12.021 ***	−0.081
	(8.769)	(−15.552)	(−17.999)	(−18.204)	(4.750)	(7.637)	(9.539)	(−0.578)
TP × Lntvalue	−0.030 ***	0.004 ***	0.871 ***	0.830 ***	−0.007 ***	−0.011 ***	−0.597 ***	−0.006
	(−9.068)	(14.409)	(16.228)	(16.613)	(−5.343)	(−7.882)	(−8.970)	(−0.833)
Lntvalue	−0.003	−0.004 ***	−0.618 ***	−0.042	0.007 ***	0.011 ***	0.536 ***	−0.029 ***
	(−0.838)	(−15.417)	(−11.739)	(−0.892)	(5.496)	(7.983)	(8.340)	(−4.299)
Roe	−0.001 ***	0.000 ***	0.002	0.010 ***	0.000	0.000	−0.005 ***	−0.001 **
	(−8.224)	(6.821)	(1.558)	(6.338)	(0.160)	(0.076)	(−2.915)	(−2.325)
Growth	−0.000	0.000 ***	0.001 ***	0.001 ***	0.000 *	0.000 **	−0.001 ***	−0.000 ***
	(−1.044)	(5.922)	(3.541)	(5.296)	(1.708)	(2.513)	(−3.717)	(−4.502)
Level	0.000	0.000	0.001	−0.000	−0.000	0.000	−0.003 *	−0.000
	(0.431)	(0.908)	(0.895)	(−0.387)	(−0.037)	(0.432)	(−1.756)	(−0.732)

续表

变量	(1) Amihud	(2) Lnturnover	(3) Lnvol	(4) Lndvol	(5) HL_no	(6) HL_before	(7) Zeros_impact	(8) Zeros
$Top1$	0.000	0.000	−0.002	−0.004 **	0.000	0.000	−0.002	−0.001 ***
	(0.975)	(1.134)	(−1.520)	(−2.354)	(0.524)	(0.789)	(−1.065)	(−2.791)
$Numdirector$	−0.000	−0.000 *	0.033 *	−0.007	−0.000	−0.000 **	0.000	0.004
	(−0.498)	(−1.681)	(1.653)	(−0.374)	(−0.717)	(−2.005)	(0.012)	(1.181)
$Executive$	−0.006	−0.001	−0.269	−0.297	0.001	0.003	0.337	−0.011
	(−0.763)	(−0.811)	(−1.234)	(−1.405)	(0.547)	(1.173)	(1.533)	(−0.332)
$Plurm$	−0.006 ***	0.001 ***	0.089 **	0.124 ***	0.000	0.000	−0.046	−0.012 *
	(−3.244)	(2.684)	(1.966)	(2.837)	(0.378)	(0.654)	(−0.880)	(−1.674)
$Num\_sholder$	−0.015 ***	0.002 ***	0.705 ***	0.462 ***	0.003 ***	0.004 ***	−0.876 ***	−0.169 ***
	(−11.218)	(13.743)	(21.215)	(14.250)	(8.392)	(12.092)	(−26.407)	(−36.893)
$Stkret^2$	0.417 ***	0.029 ***	4.197 ***	2.271 ***	0.016	0.157 ***	−2.268 ***	−0.159 ***
	(18.614)	(14.083)	(12.716)	(6.821)	(1.420)	(16.554)	(−7.226)	(−3.858)
Constant	0.234 ***	0.073 ***	19.476 ***	11.334 ***	−0.141 ***	−0.219 ***	−5.590 ***	2.113 ***
	(3.787)	(14.420)	(18.147)	(11.775)	(−5.882)	(−8.462)	(−4.179)	(15.557)
Observations	22,402	22,641	22,641	22,641	22,641	22,641	22,641	22,641
R−squared	0.319	0.302	0.359	0.460	0.083	0.325	0.154	0.400
Industry effects	YES	YES	YES	YES	YES	YES	YES	YES
Time effects	YES	YES	YES	YES	YES	YES	YES	YES
Firm clusters	YES	YES	YES	YES	YES	YES	YES	YES

以上结果说明，企业由协议转让转为做市交易后，市值较大的企业信息不对称的程度较低，更易引起市场的注意，获得投资者的偏好。流动性各维度度量指标显示，市值调节下的流动性相比协议转让时出现显著提升，市值对市场紧度、深度、即时性等均有显著的积极影响作用。以上结果证实了假设 H5，在当前市场条件下，做市商的引入更有利于大市值企业。这与国外资本市场做市商制度效应迥异，这归因于新三板市场特殊的制度环境以及做市商制度的异化。

三、主办券商声誉对做市商制度流动性效应的影响分析

（一）主办券商声誉与股票流动性：基本回归

根据第三章的分析，主办券商与拟推荐挂牌及督导企业不存在"互选效应"，存在"囫囵吞枣"现象，对较为优质的挂牌企业并无明显偏好。那么当企业拥有声誉较好的主办券商时，是否有利于其股票流动性呢？拟做市企业有较好的主办券商，是否有利于其做市后流动性的提升呢？本部分拟以这些问题为研究对象，采用普通最小二乘法（OLS）模型回归分析主办券商声誉是否会影响股票流动性。为避免做市后做市商对流动性的影响产生干扰，选取一直为协议转让企业以及曾经为协议转让的企业为研究样本，共计 4855 个。以流动性分指标为被解释变量（*Amihud*、*Lnturnover*、*HL_no*、*HL_before*、*Zeros*、*Zeros_impact*、*Lnvol*、*Lndvol*），以主办券商声誉为解释变量（*Sponsor_asset*，*Sponsor_number*，*Sponsor_total*，*Sponsor_ranking*），控制变量与前文一致，得到回归结果（见表 6 - 3、表 6 - 4）①。结果显示，主办券商声誉（*Sponsor_total*，*Sponsor_ranking*）与流动性指标并无显著相关性，附表 1 和附表 2 的结果亦有相同结论（见附录）。对协议样本而言，拥有声誉较好的主办券商并不会影响其股票流动性，这进一步佐证了前文提出的主办券商"囫囵吞枣"的选择行为。控制变量的结果与前文基本一致。

---

① 由于篇幅限制，正文中只列示了以流动性分指标为被解释变量，以主办券商总体声誉水平（*Sponsor_total*）和总体实力排名（*Sponsor_ranking*）为解释变量，以及控制变量与前文一致的 OLS 回归结果。以主办券商总资产（*Sponsor_asset*）和主办券商督导企业数量（*Sponsor_number*）为解释变量的回归结果见附表 1、附表 2。

表6-3 主办券商总体声誉水平与股票流动性：基本回归

变量	(1) Amihud	(2) Lnturnover	(3) Lnvol	(4) Lndvol	(5) HL_no	(6) HL_before	(7) Zeros_ impact	(8) Zeros
Sponsor_total	-0.002 (-0.744)	-0.000 (-0.088)	0.000 (0.012)	0.010 (0.408)	-0.000 (-0.033)	-0.000 (-0.580)	-0.003 (-0.135)	-0.000 (-0.066)
Roe	-0.000** (-2.169)	0.000* (1.927)	0.002 (1.398)	0.002 (1.620)	0.000 (1.455)	0.000** (2.040)	-0.003** (-2.187)	-0.000*** (-3.369)
Size	-0.044*** (-9.422)	0.002*** (9.643)	0.437*** (10.902)	0.490*** (12.284)	-0.002 (-1.441)	-0.004*** (-2.999)	-0.233*** (-5.562)	0.003 (0.493)
Growth	-0.000*** (-4.183)	0.000*** (3.801)	0.001*** (3.587)	0.001*** (4.039)	0.000 (0.560)	0.000 (0.337)	-0.001*** (-3.067)	0.000 (0.994)
Level	0.001*** (3.046)	-0.000*** (-2.746)	-0.006*** (-3.774)	-0.007*** (-4.399)	0.000 (0.265)	0.000 (1.534)	0.004*** (3.125)	-0.000 (-1.484)
Top1	0.000** (2.565)	-0.000*** (-3.895)	-0.009*** (-5.292)	-0.009*** (-5.373)	0.000*** (3.823)	0.000*** (4.660)	0.002 (1.541)	-0.001*** (-6.074)
Numdirector	-0.001 (-0.558)	-0.000*** (-2.928)	-0.027 (-1.103)	-0.020 (-0.811)	-0.002* (-1.880)	-0.002** (-2.215)	0.025 (1.295)	0.001 (0.224)
Executive	0.004 (0.117)	-0.003** (-2.106)	-0.820** (-2.286)	-0.866** (-2.399)	0.030** (2.485)	0.033*** (2.588)	0.401 (1.509)	0.000 (0.006)
Plurm	-0.006 (-1.103)	0.000 (1.440)	0.080 (1.575)	0.066 (1.310)	0.002 (1.454)	0.001 (0.847)	-0.088* (-1.738)	0.003 (0.470)
Cir_stock	0.007* (1.675)	-0.003*** (-15.507)	0.244*** (6.426)	0.180*** (4.772)	0.005*** (4.382)	0.007*** (6.573)	-0.119*** (-2.907)	-0.013*** (-2.722)
Num_sholder	0.023*** (7.150)	-0.002*** (-12.889)	-0.573*** (-17.882)	-0.574*** (-18.223)	0.014*** (10.982)	0.018*** (13.923)	-0.007 (-0.228)	-0.083*** (-18.856)
Stkret^2	0.695*** (25.087)	0.013*** (18.669)	1.896*** (16.350)	0.498*** (4.510)	0.045*** (5.937)	0.123*** (16.393)	-1.385*** (-12.395)	-0.204*** (-12.577)
Lnprice	-0.035*** (-10.747)	-0.003*** (-22.819)	-0.720*** (-26.948)	0.189*** (7.181)	0.008*** (9.696)	0.011*** (12.702)	0.431*** (15.597)	-0.035*** (-11.396)
Constant	0.781*** (9.705)	0.042*** (11.387)	3.168*** (3.967)	3.270*** (4.109)	-0.128*** (-4.153)	-0.145*** (-4.521)	6.171*** (8.673)	1.394*** (12.229)
Observations	22,423	24,283	24,283	24,283	24,281	24,281	24,283	24,283
R-squared	0.163	0.187	0.191	0.138	0.088	0.201	0.052	0.249
Industry effects	YES	YES	YES	YES	YES	YES	YES	YES
Time effects	YES	YES	YES	YES	YES	YES	YES	YES
Firm clusters	YES	YES	YES	YES	YES	YES	YES	YES

表6-4　主办券商排名与股票流动性：基本回归

变量	(1) Amihud	(2) Lnturnover	(3) Lnvol	(4) Lndvol	(5) HL_no	(6) HL_before	(7) Zeros_ impact	(8) Zeros
Sponsor_ ranking	-0.008 (-1.349)	-0.000 (-0.918)	-0.020 (-0.386)	-0.010 (-0.188)	0.001 (0.360)	-0.001 (-0.379)	0.020 (0.391)	0.006 (0.855)
Roe	-0.000** (-2.179)	0.000* (1.937)	0.002 (1.405)	0.002 (1.638)	0.000 (1.448)	0.000** (2.023)	-0.003** (-2.199)	-0.000*** (-3.378)
Size	-0.044*** (-9.407)	0.002*** (9.661)	0.437*** (10.911)	0.490*** (12.290)	-0.002 (-1.446)	-0.004*** (-2.998)	-0.234*** (-5.576)	0.002 (0.476)
Growth	-0.000*** (-4.174)	0.000*** (3.812)	0.001*** (3.591)	0.001*** (4.045)	0.000 (0.557)	0.000 (0.338)	-0.001*** (-3.069)	0.000 (0.988)
Level	0.001*** (3.062)	-0.000*** (-2.730)	-0.006*** (-3.765)	-0.007*** (-4.387)	0.000 (0.259)	0.000 (1.531)	0.004*** (3.119)	-0.000 (-1.496)
Top1	0.000** (2.559)	-0.000*** (-3.902)	-0.009*** (-5.296)	-0.009*** (-5.380)	0.000*** (3.828)	0.000*** (4.664)	0.003 (1.549)	-0.001*** (-6.068)
Numdirector	-0.001 (-0.573)	-0.000*** (-2.932)	-0.027 (-1.105)	-0.020 (-0.810)	-0.002* (-1.878)	-0.002** (-2.218)	0.025 (1.297)	0.001 (0.228)
Executive	0.004 (0.109)	-0.003** (-2.103)	-0.819** (-2.284)	-0.862** (-2.390)	0.030** (2.480)	0.033** (2.575)	0.400 (1.503)	0.000 (0.001)
Plurm	-0.006 (-1.093)	0.000 (1.455)	0.081 (1.583)	0.066 (1.320)	0.002 (1.449)	0.001 (0.845)	-0.089* (-1.747)	0.003 (0.457)
Cir_stock	0.007* (1.681)	-0.003*** (-15.499)	0.244*** (6.433)	0.180*** (4.781)	0.005*** (4.377)	0.007*** (6.569)	-0.120*** (-2.918)	-0.013*** (-2.734)
Num_sholder	0.023*** (7.108)	-0.002*** (-12.916)	-0.573*** (-17.876)	-0.574*** (-18.221)	0.014*** (10.979)	0.018*** (13.908)	-0.006 (-0.207)	-0.083*** (-18.832)
Stkret²	0.695*** (25.103)	0.013*** (18.646)	1.895*** (16.339)	0.497*** (4.501)	0.045*** (5.938)	0.123*** (16.394)	-1.385*** (-12.391)	-0.204*** (-12.561)
Lnprice	-0.035*** (-10.746)	-0.003*** (-22.831)	-0.720*** (-26.957)	0.189*** (7.183)	0.008*** (9.694)	0.011*** (12.698)	0.431*** (15.601)	-0.035*** (-11.392)
Constant	0.768*** (9.814)	0.042*** (11.624)	3.167*** (4.043)	3.332*** (4.271)	-0.128*** (-4.237)	-0.148*** (-4.721)	6.153*** (8.851)	1.393*** (12.472)
Observations	22, 423	24, 283	24, 283	24, 283	24, 281	24, 281	24, 283	24, 283
R - squared	0.163	0.187	0.191	0.138	0.088	0.201	0.052	0.249
Industry effects	YES	YES	YES	YES	YES	YES	YES	YES
Time effects	YES	YES	YES	YES	YES	YES	YES	YES
Firm clusters	YES	YES	YES	YES	YES	YES	YES	YES

基本回归结果显示，主办券商声誉不影响股票的流动性，企业拥有较高声誉的主办券商并不会有利于其股票的交易。这初步证实了前文理论分析及假设 H6a。

（二）主办券商声誉与流动性变化：多期 DID 模型

经前文分析，主办券商声誉不会影响协议企业样本的流动性，那么对由协议转为做市的企业而言，拥有较好的主办券商是否会影响其流动性变化呢？接下来，此部分基于多期 DID 模型 6 - 1，以协议转做市的企业为研究样本（见前文，匹配后共 1025 个样本），以股票流动性为被解释变量，以 TP、主办券商声誉（$Sponsor\_total$，$Sponsor\_ranking$）、$TP \times Sponsor\_total$、$TP \times Sponsor\_ranking$ 为解释变量，以企业特征、企业治理和市场特征变量为控制变量，进行回归分析（见表 6 - 5、表 6 - 6）。结果显示，$TP \times Sponsor\_total$、$TP \times Sponsor\_ranking$ 与多数流动性分指标无显著相关关系，但二者均与市场冲击指标 $Amihud$ 在 10% 及 5% 的水平上呈正相关关系，这说明主办券商声誉不但未显著提升企业由协议转做市后的流动性，还存在一定的反向影响①。表 6 - 5、表 6 - 6 的回归结果佐证了主办券商声誉并不会影响做市商制度的流动性效应，进一步验证了假设 H6a。

表 6 - 5　主办券商总体声誉水平与流动性效应：多期 DID 模型

变量	(1) Amihud	(2) Lnturnover	(3) Lnvol	(4) Lndvol	(5) HL_no	(6) HL_before	(7) Zeros_ impact	(8) Zeros
TP	−0.058 ** (−2.121)	−0.004 (−1.591)	−1.397 *** (−2.850)	−1.209 ** (−2.442)	−0.027 ** (−2.279)	−0.023 (−1.638)	0.053 (0.104)	−0.150 ** (−2.556)

---

① 由于篇幅限制，附表 3、附表 4（见附录）以股票流动性为被解释变量，以 TP、主办券商声誉其他分指标（$Sponsor\_asset$、$Sponsor\_number$）以及 $TP \times Sponsor\_asset$、$TP \times Sponsor\_number$ 为解释变量，以企业特征、企业治理和市场特征变量为控制变量，基于多期 DID 模型 6 - 1 的回归结果。

续表

变量	(1) Amihud	(2) Lnturnover	(3) Lnvol	(4) Lndvol	(5) HL_no	(6) HL_before	(7) Zeros_impact	(8) Zeros
$TP \times Sponsor\_total$	0.006 *	−0.000	−0.036	−0.041	0.001	0.001	0.033	−0.005
	(1.725)	(−1.033)	(−0.623)	(−0.702)	(0.721)	(0.600)	(0.555)	(−0.727)
$Sponsor\_total$	−0.005	0.000	0.014	0.017	−0.001	−0.001	−0.018	0.005
	(−1.509)	(0.321)	(0.248)	(0.300)	(−0.511)	(−0.521)	(−0.315)	(0.786)
Roe	−0.000 ***	0.000 ***	0.008 ***	0.009 ***	−0.000	−0.000	−0.008 ***	−0.001 ***
	(−5.964)	(5.731)	(4.808)	(5.128)	(−0.509)	(−0.713)	(−3.889)	(−2.906)
$Size$	−0.014 ***	0.001 **	0.231 ***	0.258 ***	0.000	−0.001 ***	−0.179 ***	0.012 *
	(−6.779)	(2.569)	(5.344)	(5.823)	(0.858)	(−2.689)	(−3.743)	(1.797)
$Growth$	−0.000	0.000 ***	0.001 ***	0.001 ***	0.000	0.000 **	−0.001 ***	−0.000 ***
	(−1.059)	(5.798)	(4.860)	(5.026)	(1.632)	(2.038)	(−4.266)	(−4.443)
$Level$	0.000 ***	−0.000	−0.003 *	−0.003 **	−0.000	0.000 *	0.001	−0.000 *
	(2.662)	(−0.299)	(−1.873)	(−2.002)	(−0.485)	(1.871)	(0.742)	(−1.689)
$Top1$	0.000	0.000	−0.002	−0.002	0.000	0.000	−0.001	−0.001 ***
	(0.270)	(0.133)	(−1.044)	(−1.223)	(1.078)	(1.548)	(−0.756)	(−3.380)
$Numdirector$	−0.001	−0.000	−0.000	0.001	−0.000	−0.000 *	0.011	0.003
	(−1.252)	(−0.703)	(−0.000)	(0.057)	(−0.757)	(−1.906)	(0.557)	(1.010)
$Executive$	−0.008	−0.001	−0.361 *	−0.377 *	0.003	0.004	0.243	−0.002
	(−1.053)	(−1.111)	(−1.689)	(−1.735)	(1.154)	(1.620)	(1.189)	(−0.055)
$Plurm$	−0.006 ***	0.001 ***	0.116 ***	0.116 ***	0.000	0.000	−0.074	−0.011
	(−3.119)	(2.608)	(2.654)	(2.647)	(0.280)	(0.206)	(−1.499)	(−1.522)
Cir_stock	−0.004 **	−0.002 ***	0.256 ***	0.232 ***	0.001 **	0.002 ***	−0.043	−0.035 ***
	(−2.497)	(−8.248)	(6.420)	(5.750)	(1.976)	(5.066)	(−0.957)	(−5.452)
$Num\_sholder$	−0.017 ***	0.003 ***	0.476 ***	0.457 ***	0.003 ***	0.005 ***	−0.734 ***	−0.170 ***
	(−11.968)	(14.398)	(13.498)	(12.801)	(6.522)	(9.489)	(−20.850)	(−33.879)
$Stkret^2$	0.422 ***	0.028 ***	4.009 ***	2.011 ***	0.020 *	0.166 ***	−2.029 ***	−0.170 ***
	(18.857)	(14.180)	(12.575)	(6.118)	(1.699)	(16.824)	(−7.591)	(−4.054)
$Lnprice$	−0.032 ***	−0.001 ***	−0.295 ***	0.660 ***	0.001	0.002 ***	0.259 ***	−0.036 ***
	(−21.598)	(−3.142)	(−9.033)	(19.637)	(1.392)	(4.698)	(7.112)	(−7.288)
$Constant$	0.625 ***	0.018 ***	0.408	0.393	−0.027 **	−0.024 *	7.998 ***	1.963 ***
	(15.805)	(4.403)	(0.499)	(0.477)	(−2.116)	(−1.715)	(9.615)	(16.890)

续表

变量	(1) Amihud	(2) Lnturnover	(3) Lnvol	(4) Lndvol	(5) HL_no	(6) HL_before	(7) Zeros_ impact	(8) Zeros
Observations	21,815	22,048	22,048	22,048	22,048	22,048	22,048	22,048
R-squared	0.319	0.293	0.368	0.441	0.073	0.297	0.183	0.403
Industry effects	YES	YES	YES	YES	YES	YES	YES	YES
Time effects	YES	YES	YES	YES	YES	YES	YES	YES
Firm clusters	YES	YES	YES	YES	YES	YES	YES	YES

表6-6 主办券商排名与流动性效应：多期 DID 模型

变量	(1) Amihud	(2) Lnturnover	(3) Lnvol	(4) Lndvol	(5) HL_no	(6) HL_before	(7) Zeros_ impact	(8) Zeros
TP	−0.018***	−0.006***	−1.706***	−1.568***	−0.019***	−0.015***	0.307***	−0.197***
	(−3.287)	(−12.025)	(−17.342)	(−15.631)	(−9.076)	(−6.150)	(3.216)	(−15.322)
TP×Sponsor_ ranking	0.017**	−0.000	0.005	0.033	−0.000	0.000	0.065	0.014
	(2.376)	(−0.308)	(0.037)	(0.238)	(−0.028)	(0.056)	(0.530)	(0.864)
Sponsor_ ranking	−0.016**	−0.000	−0.033	−0.064	0.001	0.000	−0.014	−0.012
	(−2.263)	(−0.115)	(−0.249)	(−0.476)	(0.273)	(0.019)	(−0.117)	(−0.741)
Roe	−0.000***	0.000***	0.008***	0.009***	−0.000	−0.000	−0.008***	−0.001***
	(−5.985)	(5.757)	(4.829)	(5.148)	(−0.465)	(−0.687)	(−3.866)	(−2.916)
Size	−0.014***	0.001***	0.233***	0.260***	0.000	−0.001***	−0.180***	0.012*
	(−6.794)	(2.623)	(5.397)	(5.888)	(0.764)	(−2.699)	(−3.762)	(1.846)
Growth	−0.000	0.000***	0.001***	0.001***	0.000	0.000**	−0.001***	−0.000***
	(−1.084)	(5.808)	(4.866)	(5.036)	(1.611)	(2.026)	(−4.279)	(−4.446)
Level	0.000***	−0.000	−0.003*	−0.003**	−0.000	0.000*	0.001	−0.000*
	(2.698)	(−0.324)	(−1.893)	(−2.023)	(−0.451)	(1.903)	(0.750)	(−1.702)
Top1	0.000	0.000	−0.002	−0.002	0.000	0.000	−0.001	−0.001***
	(0.329)	(0.116)	(−1.060)	(−1.238)	(1.052)	(1.526)	(−0.769)	(−3.393)
Numdirector	−0.001	−0.000	−0.000	0.001	−0.000	−0.000*	0.012	0.003
	(−1.267)	(−0.735)	(−0.025)	(0.028)	(−0.712)	(−1.881)	(0.581)	(1.005)
Executive	−0.008	−0.001	−0.367*	−0.385*	0.003	0.004	0.244	−0.002
	(−1.058)	(−1.144)	(−1.713)	(−1.764)	(1.199)	(1.645)	(1.198)	(−0.075)

续表

变量	(1) Amihud	(2) Lnturnover	(3) Lnvol	(4) Lndvol	(5) HL_no	(6) HL_before	(7) Zeros_ impact	(8) Zeros
Plurm	−0.006*** (−3.107)	0.001** (2.561)	0.115*** (2.627)	0.115*** (2.619)	0.000 (0.314)	0.000 (0.217)	−0.073 (−1.479)	−0.011 (−1.516)
Cir_stock	−0.004** (−2.450)	−0.002*** (−8.321)	0.254*** (6.413)	0.230*** (5.737)	0.001** (2.015)	0.002*** (5.102)	−0.044 (−0.960)	−0.036*** (−5.508)
Num_sholder	−0.017*** (−11.948)	0.003*** (14.452)	0.476*** (13.525)	0.457*** (12.834)	0.003*** (6.494)	0.005*** (9.462)	−0.734*** (−20.841)	−0.170*** (−33.854)
$Stkret^2$	0.421*** (18.915)	0.028*** (14.266)	4.024*** (12.649)	2.031*** (6.186)	0.019* (1.659)	0.165*** (16.837)	−2.041*** (−7.634)	−0.166*** (−3.975)
Lnprice	−0.032*** (−21.444)	−0.001*** (−3.173)	−0.295*** (−9.053)	0.659*** (19.619)	0.001 (1.380)	0.002*** (4.646)	0.259*** (7.094)	−0.036*** (−7.300)
Constant	0.593*** (19.689)	0.019*** (5.351)	0.526 (0.762)	0.541 (0.779)	−0.032*** (−3.892)	−0.030*** (−3.836)	7.883*** (11.026)	2.005*** (19.495)
Observations	21,815	22,048	22,048	22,048	22,048	22,048	22,048	22,048
R−squared	0.319	0.293	0.367	0.441	0.073	0.297	0.183	0.403
Industry effects	YES	YES	YES	YES	YES	YES	YES	YES
Time effects	YES	YES	YES	YES	YES	YES	YES	YES
Firm clusters	YES	YES	YES	YES	YES	YES	YES	YES

四、做市商声誉对做市商制度流动性效应的影响分析

（一）做市商声誉与股票流动性：基本回归

根据第三章的分析，相比主办券商对企业选择的"囫囵吞枣"，做市商对拟做市企业却是"精挑细选"，声誉较好的做市商更偏好优质的企业。那么当做市企业拥有声誉更好的做市商时，是否更有助于其提高流动性呢？如果拟做市企业有更好的做市商，其选择做市后的流动性表现是否更好呢？为解决以上问题，本部分采用 OLS

模型以分析做市商声誉是否会影响股票流动性，选取做市企业为研究样本，以 2015 年 1 月至 2017 年 12 月为研究区间，匹配每个样本各月份为其提供做市服务的做市商，删除做市商退出以后的观测值，最终筛选出 1656 个样本（含曾经做市的企业样本）。以流动性分指标为被解释变量（*Amihud*、*Lnturnover*、*HL＿no*、*HL＿before*、*Zeros*、*Zeros＿impact*、*Lnvol*、*Lndvol*），以做市商声誉为解释变量（*Mm＿asset*、*Mm＿number*、*Mm＿tradshare*、*Mm＿profit*、*Mm＿total*、*Mm＿ranking*），控制变量与前文一致，得到回归结果（见表 6 － 7、表 6 － 8）①。结果显示，*Mm＿total* 与 *Amihud* 的系数在 10% 水平上显著为负，与 *Lnturnover*、*Lnvol*、*Lndvol* 的系数在 1% 的水平上显著为正，这说明做市商总体声誉水平越高，股价波动程度越低，股票交易频率和交易规模越高，则流动性越好。*Mm＿ranking* 与 *Lnturnover*、*Lnvol*、*Lndvol* 的系数在 1%、5% 的水平上显著为正，与零收益天数比率（*Zeros*）在 10% 的水平上显著为负，这说明企业拥有的做市商排名越靠前，其交易频率越高、交易规模越大，能在一定程度上减少零收益天数，则流动性越好。附表 5、附表 8（见附录）是基于做市商声誉其他度量指标的结果，均佐证了前文理论分析与假设 H6b。

表 6 － 7　做市商总体声誉水平与流动性：基本回归

变量	(1) Amihud	(2) Lnturnover	(3) Lnvol	(4) Lndvol	(5) HL_no	(6) HL_before	(7) Zeros_ impact	(8) Zeros
Mm_total	− 0.000 * (− 1.822)	0.000 *** (3.217)	0.017 *** (2.914)	0.018 *** (2.999)	− 0.000 (− 0.663)	− 0.000 (− 0.600)	0.000 (0.024)	− 0.001 (− 1.143)

①　由于篇幅限制，正文中只列示了以流动性分指标为被解释变量，以做市商总体实力（*Mm＿total*）和总体实力排名（*Mm＿ranking*）为解释变量，以及控制变量与前文一致的 OLS 回归结果。以做市商总资产（*Mm＿asset*）、做市商企业数量（*Mm＿number*）、做市商业务实力（*Mm＿tradshare*）和做市商盈利能力（*Mm＿profit*）为解释变量的回归结果见附表 5、附表 6、附表 7、附表 8。

续表

变量	(1) Amihud	(2) Lnturnover	(3) Lnvol	(4) Lndvol	(5) HL_no	(6) HL_before	(7) Zeros_impact	(8) Zeros
Roe	−0.000 ***	0.000 ***	0.004 ***	0.004 ***	−0.000	−0.000	−0.006 ***	−0.001 ***
	(−4.812)	(3.480)	(2.616)	(2.770)	(−0.583)	(−0.270)	(−3.307)	(−3.102)
Size	−0.006 ***	0.000	0.155 ***	0.159 ***	0.001 ***	−0.000 **	−0.133 ***	0.006
	(−4.325)	(1.453)	(4.420)	(4.488)	(3.386)	(−2.023)	(−3.300)	(0.816)
Growth	−0.000	0.000 ***	0.001 ***	0.001 ***	0.000 ***	0.000 ***	−0.001 ***	−0.000 ***
	(−0.934)	(6.146)	(5.340)	(5.394)	(3.253)	(3.902)	(−3.511)	(−3.078)
Level	0.000 ***	−0.000	−0.003 **	−0.002 *	−0.000 *	0.000	0.004 **	0.000
	(3.139)	(−0.284)	(−2.021)	(−1.686)	(−1.649)	(1.227)	(2.346)	(0.527)
Top1	0.000	−0.000	−0.002 *	−0.002 *	0.000	0.000	−0.001	−0.001 ***
	(0.835)	(−1.330)	(−1.802)	(−1.839)	(0.060)	(0.706)	(−0.698)	(−2.787)
Numdirector	−0.000	−0.000	−0.015	−0.012	0.000	−0.000	−0.003	0.001
	(−0.496)	(−1.167)	(−0.891)	(−0.709)	(0.901)	(−0.514)	(−0.175)	(0.439)
Executive	−0.015 ***	0.001	0.040	0.021	0.002 *	0.001	−0.239	−0.001
	(−2.634)	(0.847)	(0.233)	(0.125)	(1.821)	(1.555)	(−1.346)	(−0.042)
Plurm	−0.002	0.000 **	0.093 **	0.092 **	0.000	0.000 ***	−0.070 *	−0.014 **
	(−1.467)	(2.090)	(2.387)	(2.384)	(1.471)	(2.937)	(−1.773)	(−2.162)
Cir_stock	−0.006 ***	−0.002 ***	0.293 ***	0.285 ***	−0.000	0.000 **	−0.053	−0.022 ***
	(−5.801)	(−7.692)	(7.847)	(7.664)	(−0.525)	(2.552)	(−1.535)	(−3.926)
Num_sholder	−0.020 ***	0.004 ***	0.838 ***	0.838 ***	0.000 **	0.001 ***	−0.680 ***	−0.167 ***
	(−20.463)	(27.246)	(33.017)	(31.643)	(2.107)	(10.798)	(−20.916)	(−32.830)
$Stkret^2$	0.938 ***	0.182 ***	35.155 ***	30.013 ***	−0.988 ***	0.119 ***	−19.379 ***	−0.010
	(14.979)	(18.051)	(20.959)	(19.143)	(−26.703)	(10.720)	(−12.838)	(−0.030)
Lnprice	−0.031 ***	0.000	−0.126 ***	0.871 ***	−0.000 **	−0.001 ***	0.174 ***	−0.032 ***
	(−28.592)	(0.914)	(−4.268)	(29.546)	(−2.460)	(−4.779)	(5.494)	(−6.308)
Constant	0.455 ***	0.012 ***	−2.109 ***	−2.047 ***	−0.015 ***	0.001	7.326 ***	1.579 ***
	(17.210)	(2.917)	(−3.348)	(−3.278)	(−5.179)	(0.312)	(10.969)	(13.938)
Observations	155,707	155,888	155,888	155,888	155,888	155,888	155,888	155,888
R-squared	0.493	0.397	0.566	0.626	0.287	0.168	0.244	0.484
Industry effects	YES	YES	YES	YES	YES	YES	YES	YES
Time effects	YES	YES	YES	YES	YES	YES	YES	YES
Firm clusters	YES	YES	YES	YES	YES	YES	YES	YES

表6-8　做市商声誉排名与流动性：基本回归

变量	(1) m1 Amihud	(2) m3 Lnturnover	(3) m4 Lnvol	(4) m5 Lndvol	(5) m6 HL_no	(6) m7 HL_before	(7) m9 Zeros_ impact	(8) m10 Zeros
Mm_ranking	-0.000 (-0.574)	0.000*** (3.060)	0.028** (2.478)	0.027** (2.447)	-0.000 (-0.695)	0.000 (1.160)	-0.002 (-0.167)	-0.004* (-1.916)
Roe	-0.000*** (-4.815)	0.000*** (3.479)	0.004*** (2.616)	0.004*** (2.770)	-0.000 (-0.582)	-0.000 (-0.275)	-0.006*** (-3.307)	-0.001*** (-3.101)
Size	-0.006*** (-4.327)	0.000 (1.457)	0.155*** (4.422)	0.159*** (4.490)	0.001*** (3.385)	-0.000** (-2.026)	-0.133*** (-3.299)	0.006 (0.815)
Growth	-0.000 (-0.932)	0.000*** (6.140)	0.001*** (5.336)	0.001*** (5.389)	0.000*** (3.252)	0.000*** (3.904)	-0.001*** (-3.511)	-0.000*** (-3.081)
Level	0.000*** (3.140)	-0.000 (-0.287)	-0.003** (-2.023)	-0.002* (-1.688)	-0.000* (-1.648)	0.000 (1.228)	0.004** (2.346)	0.000 (0.529)
Top1	0.000 (0.832)	-0.000 (-1.325)	-0.002* (-1.797)	-0.002* (-1.834)	0.000 (0.059)	0.000 (0.704)	-0.001 (-0.697)	-0.001*** (-2.789)
Numdirector	-0.000 (-0.500)	-0.000 (-1.161)	-0.014 (-0.884)	-0.011 (-0.703)	0.000 (0.900)	-0.000 (-0.516)	-0.003 (-0.175)	0.001 (0.436)
Executive	-0.015*** (-2.642)	0.001 (0.856)	0.042 (0.242)	0.023 (0.134)	0.002* (1.820)	0.001 (1.552)	-0.239 (-1.346)	-0.001 (-0.044)
Plurm	-0.002 (-1.471)	0.000** (2.093)	0.094** (2.390)	0.092** (2.387)	0.000 (1.470)	0.000*** (2.935)	-0.070* (-1.773)	-0.014** (-2.162)
Cir_stock	-0.006*** (-5.805)	-0.002*** (-7.686)	0.293*** (7.850)	0.285*** (7.666)	-0.000 (-0.526)	0.000** (2.550)	-0.053 (-1.535)	-0.022*** (-3.927)
Num_sholder	-0.020*** (-20.459)	0.004*** (27.235)	0.838*** (33.009)	0.839*** (31.637)	0.000** (2.106)	0.001*** (10.791)	-0.680*** (-20.909)	-0.167*** (-32.826)
$Stkret^2$	0.938*** (14.981)	0.182*** (18.053)	35.155*** (20.962)	30.013*** (19.146)	-0.988*** (-26.703)	0.119*** (10.721)	-19.379*** (-12.838)	-0.010 (-0.031)
Lnprice	-0.031*** (-28.609)	0.000 (0.944)	-0.125*** (-4.240)	0.872*** (29.604)	-0.000** (-2.467)	-0.001*** (-4.799)	0.174*** (5.501)	-0.032*** (-6.317)
Constant	0.451*** (17.019)	0.013*** (3.119)	-1.971*** (-3.132)	-1.905*** (-3.052)	-0.015*** (-5.232)	0.001 (0.265)	7.328*** (11.021)	1.569*** (13.920)

续表

变量	(1) m1 Amihud	(2) m3 Lnturnover	(3) m4 Lnvol	(4) m5 Lndvol	(5) m6 HL_no	(6) m7 HL_before	(7) m9 Zeros_ impact	(8) m10 Zeros
Observations	155, 707	155, 888	155, 888	155, 888	155, 888	155, 888	155, 888	155, 888
R – squared	0.493	0.397	0.566	0.626	0.287	0.168	0.244	0.484
Industry effects	YES	YES	YES	YES	YES	YES	YES	YES
Time effects	YES	YES	YES	YES	YES	YES	YES	YES
Firm clusters	YES	YES	YES	YES	YES	YES	YES	YES

对做市样本而言，拥有声誉较好的做市商能降低其急涨暴跌的程度，提高股票交易频率，增加股票交易规模。以上结果同时进一步佐证了前文提出的做市商对拟做市对象的"精挑细选"行为，说明了高声誉做市商与高质量企业存在"互选效应"。控制变量的结果与前文基本一致。

（二）做市商声誉与流动性变化：多期 DID 模型

经前文分析，做市商声誉会显著影响做市企业样本的流动性，那么对由协议转为做市的企业而言，拥有较好的做市商会如何影响其流动性变化呢？接下来，基于多期 DID 模型 6 - 1，以协议转做市的企业为研究样本（见前文，匹配后共 1039 个样本），分析做市商声誉对由协议转做市后的企业的股票流动性变化的影响。为合理匹配基期做市商声誉数值（基期样本尚未转为做市，均为协议转让，并无对应的做市商），这里利用做市商声誉排名（$Mm\_ranking$）指标，如果在对照期为该股票做市的做市商均是 $Mm\_ranking = 0$，则在基期该股票对应的做市商声誉排名也为 $Mm\_ranking = 0$；如果在对照期各月均有声誉排名前 10 的做市商为该股票做市，则在基期该股票对应的做市商 $Mm\_ranking = 1$。表 6 - 9 是以股票流动性为被解释变量，以 *TP*、做市商声誉（*Mm_ranking*）、*TP* × *Mm_ranking* 为解释变量，以企业特征、企业治理和市场特征为控制变量的回归分析结果。

表 6 - 9　做市商声誉与流动性效应：多期 DID 模型

变量	(1) Amihud	(2) Lnturnover	(3) Lnvol	(4) Lndvol	(5) HL_no	(6) HL_before	(7) Zeros_impact	(8) Zeros
TP	-0.011*	-0.008***	-2.024***	-1.868***	-0.017***	-0.013***	0.488***	-0.183***
	(-1.945)	(-17.149)	(-22.134)	(-20.326)	(-8.787)	(-6.569)	(5.567)	(-15.398)
TP × *Mm_ranking*	-0.004	0.002***	0.296***	0.291***	-0.004***	-0.005***	-0.168***	-0.018**
	(-1.201)	(5.352)	(4.999)	(4.851)	(-2.819)	(-3.027)	(-2.914)	(-2.277)
Mm_ranking	-0.002	-0.000	-0.059	-0.043	0.003**	0.003**	0.093*	0.007
	(-0.669)	(-1.503)	(-1.045)	(-0.769)	(2.104)	(2.053)	(1.675)	(0.992)
Roe	-0.000***	0.000***	0.009***	0.010***	-0.000	-0.000	-0.009***	-0.001**
	(-5.282)	(5.822)	(4.995)	(5.311)	(-0.025)	(-0.298)	(-4.403)	(-2.388)
*wsize*1	-0.015***	0.001***	0.242***	0.271***	0.001	-0.001*	-0.197***	0.010
	(-5.846)	(3.176)	(5.265)	(5.756)	(0.955)	(-1.693)	(-4.161)	(1.468)
wgrowth	-0.000	0.000***	0.001***	0.001***	0.000	0.000*	-0.001***	-0.000***
	(-1.586)	(5.894)	(4.564)	(4.745)	(1.629)	(1.944)	(-4.181)	(-3.941)
wlevel	0.000***	-0.000	-0.003**	-0.004**	-0.000	0.000	0.002	-0.000
	(3.102)	(-0.920)	(-2.255)	(-2.494)	(-0.381)	(1.135)	(1.051)	(-1.313)
*wtop*1	0.000	0.000	-0.002	-0.002	0.000	0.000	-0.001	-0.001***
	(0.169)	(0.270)	(-1.140)	(-1.322)	(0.791)	(1.560)	(-0.860)	(-3.598)
numdirector	-0.001	-0.000	0.001	0.000	-0.001	-0.001**	0.010	0.003
	(-0.758)	(-0.888)	(0.028)	(0.022)	(-1.596)	(-2.007)	(0.490)	(0.826)
executive	0.002	-0.002*	-0.442**	-0.461**	0.001	0.002	0.265	0.006
	(0.213)	(-1.661)	(-2.050)	(-2.115)	(0.330)	(0.535)	(1.336)	(0.174)
plurm	-0.007***	0.001***	0.126***	0.129***	-0.000	-0.000	-0.082*	-0.012*
	(-3.561)	(2.896)	(2.836)	(2.870)	(-0.000)	(-0.091)	(-1.705)	(-1.667)
wCir_stock	-0.001	-0.002***	0.199***	0.170***	0.001**	0.003***	-0.015	-0.030***
	(-0.629)	(-10.118)	(4.803)	(4.039)	(1.971)	(3.936)	(-0.344)	(-4.356)

续表

变量	(1) Amihud	(2) Lnturnover	(3) Lnvol	(4) Lndvol	(5) HL_no	(6) HL_before	(7) Zeros_impact	(8) Zeros
wNum_sholder	−0.013***	0.002***	0.343***	0.321***	0.004***	0.006***	−0.663***	−0.162***
	(−8.225)	(11.269)	(9.389)	(8.709)	(5.961)	(9.099)	(−19.434)	(−32.281)
wstkret2	0.363***	0.019***	2.486***	0.781***	0.034***	0.140***	−1.199***	−0.147***
	(16.457)	(11.011)	(9.158)	(2.640)	(3.340)	(14.702)	(−5.108)	(−4.199)
wlnprice	−0.027***	−0.001***	−0.443***	0.499***	0.001**	0.003***	0.318***	−0.033***
	(−15.840)	(−7.501)	(−13.625)	(14.736)	(2.083)	(5.117)	(9.107)	(−7.037)
Constant	0.527***	0.028***	2.278***	2.377***	−0.046***	−0.047***	7.190***	1.902***
	(14.876)	(7.904)	(3.271)	(3.385)	(−3.982)	(−4.210)	(10.007)	(18.260)
Observations	23,748	24,128	24,128	24,128	24,128	24,128	24,128	24,128
R − squared	0.281	0.322	0.386	0.438	0.081	0.297	0.174	0.401
Industry effects	YES	YES	YES	YES	YES	YES	YES	YES
Time effects	YES	YES	YES	YES	YES	YES	YES	YES
Firm clusters	YES	YES	YES	YES	YES	YES	YES	YES

结果显示，$TP \times Mm\_ranking$ 与 Lnturnover、Lnvol、Lndvol 系数显著正相关，与 HL_no、HL_before、Zeros、Zeros_impact 的系数显著负相关。这说明相比在较差声誉做市商下做市的企业而言，拟做市企业如拥有声誉较好的做市商，在做市后其交易频率、交易规模会显著增加，交易成本和零交易收益天数会显著减少，其流动性可得到提升。此外，不同声誉的做市商下的拟做市企业在做市后两者之间的 Amihud 指标的改变并无显著差异（t 值 = −1.20）。

基于做市商声誉与流动性之间的基本回归分析与多期 DID 模型回归分析结果显示，做市商声誉较为显著地影响其做市企业的流动性。做市企业拥有较好的做市商有利于其股票交易频率和交易规模的提高，拟做市企业拥有较好的做市商为其做市，可显著提升其股票流动性。此结果证明，做市商的"精挑细选"的确能够降低股票流动性风险，产生较好的市场效应。

本章小结

新三板引进做市商制度意在稳定市场，提高股票流动性，已有文献评价了做市商制度对股票市场流动性的影响，但较少有文献研究影响做市商制度流动性效应的多层次因素（郑建明等，2018）。本章从做市商数量、企业市值、券商声誉的多重视角出发，对做市商制度的流动性效应进行了分析：一是结合新三板市场现状，采用券商实力、规模、排名等多维度指标度量券商声誉，保证了结果的稳健性；二是首次纳入主办券商声誉和做市商声誉因素，检验了券商声誉对做市商制度流动性的调节作用；三是采用多期 DID 模型，在较大程度上克服了因行情影响带来的样本选择偏差问题。

研究发现，企业拥有较多的做市商、较高的市值、高声誉的做市商可以弥补做市商制度的"流动性缺陷"。拥有较多做市商的企业，其在选择做市转让后流动性能得到显著提升，这也佐证了做市商数量不足是导致市场深度缺乏的原因之一。市值因素显著影响做市商制度的流动性效应，市值较大的企业在选择做市交易后流动性能得到显著提升，这说明协议转让转为做市转让后，市值大的企业由于流动性风险较低，更容易吸引市场的注意，因此，在下跌行情下，做市商更倾向于抛售较差标的，并为优质企业提供做市服务，筹码的成交会逐渐集中于优质标的；小市值企业由于提升空间有限，转向做市交易后反而会失去协议转让优势，会导致交易受挫。主办券商声誉不会影响股票流动性，拥有高声誉主办券商的做市企业，其由协议转为做市后的流动性效应不会发生显著变化，由于主办券商"囫囵吞枣"行为，反而不利于其交易的稳定性；做市商声誉能显著影响股票流动性，拥有较高声誉的做市企业流动性也较好，拥有高声誉做市商的做市企业由协议转让转为做市转让后流动性也会得到显著提升，做市商声誉对做市商制度的流动性效应起到正面调节作用。以上结果进一步佐证了做市商与企业质量的"互选效应"。

第七章 新三板企业退出做市转让：动因及后果

通过第四章对交易方式选择的微观动因分析得知，做市商会倾向于选择高质量挂牌企业进行做市转让，做市商和挂牌企业之间存在"互选效应"。第五章的分析结果显示，做市商制度在一定程度上能降低交易成本、提高交易即时性，实现稳定市场和提供流动性的职能，但是显著减少了股票的交易量、交易额、交易规模换手率，显著增加了零收益天数比率冲击指标，这说明做市商制度提升流动性效应具有局限性。那么企业是否会因此而退出做市转让吗？本章基于新三板企业退出做市转让这一特殊现象，分析了这一行为的微观和制度动因，为剖析交易方式选择的微观动因补充了证据，同时为全面评估做市商制度的优势和不足提供了较为全面的依据。

自2014年末新三板市场引入做市商制度以来，挂牌企业数量激增，2015年总体成交规模、换手率明显升高，交易市场活跃，这对新三板市场产生了积极的作用。可见，在短期内做市商制度确实在一定程度上为新三板增加了流动性。陈辉和顾乃康（2017）基于2014~2015年新三板数据的研究亦印证了做市商制度的积极影响。但自2016年以来，新三板部分做市企业却纷纷退出了做市转让，且这种情况在2017年有愈演愈烈之势。截至2017年末，共计532家新三板企业退出做市转让。做市商制度在推出初期曾备受新三板挂牌企业的青睐，而近两年的市场表现显示，做市转让面临被协议转让"复辟"的局面。

基于盘活交投活跃度、提高流动性的考虑，新三板市场推出做市商制度。但由于挂牌企业自身的局限性、做市商制度的不完善（何牧原和张昀，2017），加上市场监管不足，市场对做市商制度的信心一再降低，企业陆续弃"做市"投"协议"。那么企业为何退出原本炙手可热的做市交易呢？这些看似非常态的行为是"情非得已"还是"心甘情愿"呢？

为此，本章对退出做市转让这一新三板所特有的现象进行研究，根据股转系统及企业公告等数据信息，结合由做市转协议的典型企业案例，通过分析其交易方式转变的制度背景及市场动因，探索影响企业做市转协议的综合因素。通过分析，观察到影响企业交易方式选择行为的动因是多重的，主要包括制度因素、市场因素、企业个体因素等。例如，少部分企业因不再满足挂牌条件被强制摘牌，退出做市；较多企业因筹划 IPO（如米奥会展 831822. OC、明德生物 430591. OC），为避免股权问题、"三类股东"问题等对 IPO 进程的影响，不得不由做市转让转为协议转让；受制于现阶段新三板交易制度，企业因进行大宗交易，为方便股东增持、减持或者实施并购（如奇维科技 430608. OC）而由做市转为协议；此外，部分企业因在做市转让下股价被明显低估（如路维光电 833550. OC）、流动性低迷（如盛安资源 831860. OC）等原因而选择变更为协议转让。基于以上因素，本书将企业退出做市转让的原因划分为四大类：直接终止挂牌、筹划 IPO、实现大宗交易以及估值与流动性（见图 7 - 1）。

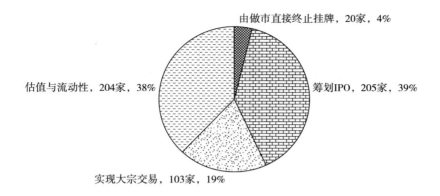

图 7-1 企业退出做市转让的原因概览

资料来源：东方财富 Choice、全国中小企业股转系统、企业公告等网站信息。

为进一步检验企业由做市转让转为协议转让后的市场效应，此章构建双重差分模型（DID）来验证，为克服内生性问题，采用了最近邻匹配法对样本进行一对一匹配。以 2016～2017 年为研究区间，选择由做市转为协议的新三板挂牌企业为实验组，一直为做市转让的企业为控制组，分析交易方式转变前后的流动性和估值变化。结果发现，企业由做市转为协议后，流动性和股票估值得到显著提升。

本章的潜在贡献：第一，不同于以往文献聚焦于企业选择做市交易的流动性效应分析（陈辉和顾乃康，2017；何牧原和张昀，2017；郑建明等，2018），在此以由做市交易转为协议转让的企业为研究对象，拓展了前文对企业选择做市转让的微观动因分析，加深了对做市商制度安排的理解和认知。第二，结合相关制度背景，通过对研究对象进行梳理和统计，深度剖析了企业由做市转协议的制度及市场动因，为资本市场监管提供了政策依据。第三，采用双重差分倾向得分匹配法（PSM－DID 模型），对协议转做市的流动性和股票估值效果进行了评价，缓解了潜在的内生性问题。

第一节　退出做市转让：制度动因和微观动因

一、直接终止挂牌

较低的准入门槛，使新三板挂牌企业迅速形成海量市场规模。一方面，由于市场的包容性较强，导致企业质量良莠不齐、异质性特征明显。在此情形下，企业欺诈挂牌、违规涉讼现象频发。新三板市场需启动自净功能，通过优胜劣汰以保证市场有序发展。另一方面，新三板市场存在信息披露不真实、不充分、不严谨的问题。新三板面向的多为处于成长期的中小型企业，这些企业自身发展较不成熟，其估值变动较大，充满不确定性。对只能依据市场上的公开信息进行决策的投资者来说，信息披露不足会增加信息成本，导致价格混乱。对做市商而言，为弥补与知情交易者交易所遭受的损失，做市商设定的买卖价差包含了逆向选择成本（Bagehot，1971），市场信息不对称越严重，做市商做市成本越高，最终会损害制度实施的有效性。

2016 年 10 月，为建立新常态、市场化的退市机制，股转系统发布了《全国中小企业股份转让系统挂牌公司股票终止挂牌实施细则（征求意见稿）》，随之引发了新三板市场的摘牌退市潮。截至 2017年 12 月 31 日，共计 532 家企业退出做市，其中，有 20 家企业（如联科股份 831458. OC）是以做市转让身份退出，有 26 家做市企业，先将交易方式变更为协议转让，然后摘牌。摘牌原因包括持续经营能力不足（如天天美尚834717. OC）、涉及多项诉讼（如天合石油833537. OC）、违规（如索泰能源430752. OC）以及市场表现欠佳（如广通软件83322. OC）等，大多企业因未及时披露年报，未履行信息披露义务（如金航股份831683. OC）而摘牌。以上被迫摘牌现象凸显出新三板挂牌企业资质参差不齐的现状，因此启动市场的自净机制十分必要。

二、IPO 申请

与国外资本市场不同的是，在中国，企业需要通过审核才能进入 IPO。企业成功申请 IPO 不但能拓展融资渠道，提高品牌知名度，而且能降低信息成本、获取投资者认同感（Chemmanur and Fulghieri，1999），这促使符合 IPO 申请条件的新三板企业努力去对接资本市场的更高层级，以满足融资和流动性需求。

截至 2017 年 12 月 31 日，在已公布做市转协议的 512 家企业中，有 205 家挂牌企业都涉及 IPO 辅导，已成功实现转板的有 6 家。拟申请 IPO 的企业因为避免股权问题带来额外的行政审批、限制"三类股东"买入及方便国有券商退出（个别企业）等原因，而不得不由做市转让转为协议转让。

（一）控制股权分散，避免额外行政审批

在新三板市场上，采用做市转让的企业面向众多个人及机构投资者，其股权相比协议转让企业更加分散。笔者统计了 2016 ~ 2017 年新三板挂牌企业股东户数的情况（见表 7 - 1），结果发现，较多做市转让企业股东户数低于 100 人，但仍有近 15% 的做市转让企业股东户数大于 200 人；相比之下，只有不到 2% 的协议转让企业股东

户数大于 200 人；大部分协议转让企业股东户数不足 10 人，存在股权高度集中的情况。

表 7-1 不同交易方式下新三板挂牌企业股东户数统计

股东人数（N）	2016 年年末（9305 家）				2017 年年末（11429 家）			
	做市转让（1582 家）		协议转让（7723 家）		做市转让（1335 家）		协议转让（10094 家）	
	企业数	占比（%）	企业数	占比（%）	企业数	占比（%）	企业数	占比（%）
N≤10	54	3.4	4427	57.32	52	3.89	5497	54.46
10<N≤50	674	42.6	2737	35.44	549	41.12	3581	35.48
50<N≤100	381	24.08	321	4.16	322	24.11	557	5.52
100<N≤200	251	15.87	151	1.96	219	16.40	283	2.8
N>200	222	14.03	87	1.12	193	14.46	176	1.74

数据来源：Wind 数据库。

根据《非上市公众企业监管指引第 4 号——股东人数超过 200 人的未上市股份有限公司申请行政许可有关问题的审核指引》，股东人数超过 200 人的非上市股份有限公司申请公开发行并在证券交易所上市需向证监会申请行政许可。对股东户数超过 200 人的企业，证监会会对其合法存续与股权清晰进行审核，有可能给企业带来额外的行政审批，加大企业 IPO 过程中的风险。为降低股权分散程度，做市企业更倾向于转为协议转让来控制 IPO 审批风险。经统计，因拟 IPO 而发生交易方式转变的企业中，约 1/4 的企业[①]（如方林科技

---

① 在 205 家筹划 IPO 的做市转协议的企业中，有 59 家股东人数曾超过 200 人的上限，发布过关于股东人数超过 200 人的提示性公告。

430432. OC）为控制股权分散而选择弃"做市"投"协议"①。

（二）限制"三类股东"买入

"三类股东"（契约型基金、资产管理计划、信托计划）是基于委托、信托关系，通过"非公开募集"的金融产品形式存在的投资者，由于其背后往往有多名隐形投资者，所以很难明确最终实际投资者，与普通投资者差异较大。拟 IPO 企业如果存在"三类股东"，便意味着股权不太清晰，缺乏稳定性。新三板自 2014 年实现扩容以来，企业数量激增，但由于较高的投资门槛，市场资金存量有限。为更好地扩充市场资金、活跃市场交易，股转系统于 2015 年下半年开始引进"三类股东"②。

为降低投资者投资的不确定性，减少 IPO 筹资成本（Ang and Brau，2002）以及企业盈余管理机会，证监会一直把股权清晰性与稳定性作为 IPO 审核中的重点。《首次公开发行股票并上市管理办法》（2015 年修正）以及《首次公开发行股票并在创业板上市管理办法（2018）》曾明确规定，发行人需满足"股权清晰，控股股东和受控股股东、实际控制人支配的股东持有的发行人股份不存在重大权属纠纷"等条件。显然，"三类股东"的存在不符合 IPO 对股权结构清晰的要求。由于做市转让面向市场上众多投资者，不易解决"三类股东"问题，因此新三板部分拟 IPO 的企业在发布上市辅

---

① 以上问题现已不是 IPO 申请中的刚性障碍。2017 年 12 月 6 日，在证监会网站发布的发审委会议结果中，新三板挂牌企业科顺防水（833761. OC）首发获通过，成为新三板首家股东超过 200 人且成功过会的企业。借鉴日本的《企业法》中不对股东人数设限的相关规定，我国也有望放开对股东人数的限定。

② 股转系统于 2015 年 10 月 16 日发布了《全国中小企业股份转让系统机构业务问答（一）——关于资产管理计划、契约型私募基金投资拟挂牌公司股权有关问题》，明确了基金子公司资产管理计划、证券企业资产管理计划、契约型私募基金可以投资拟挂牌全国股转系统的公司股权。"三类股东"开始逐步进入新三板。

导公告前后，会由做市转让变更为协议转让，限制"三类股东"买入，这是筹划 IPO 企业做市转协议的原因之一①。因企业在进行 IPO 申请时会回避提及"三类股东"问题，信息披露有限，据统计，截至 2017 年末，因筹划 IPO 由做市转为协议的企业里，有近 20 家企业明确曾涉及"三类股东"问题。可见，在新三板做市转协议的企业中，有较高比例的企业通过做市转协议来控制"三类股东"买入。

以时代装饰（832090.OC）为例，该企业于 2015 年 3 月 17 日挂牌新三板，2015 年 7 月 21 日开始做市转让。2015 年 12 月 15 日企业宣布开始接受上市辅导，并于 2016 年 7 月 14 日由做市转为协议。此前，时代装饰股东中共存在 6 名"三类股东"②，持股合计占比 8.17%，其中，融汇天和 1 号投资基金、信诺汇富 1 号投资基金分别占比 3.28%、2.73%，位列前十大股东的第 6 和第 7。为使 IPO 进程顺利进行，该企业于 2016 年 7 月 14 日由做市转为协议，在 2017 年 8 月宣布着手清理"三类股东"。2017 年 11 月，时代装饰溢价 64% 收购"三类股东"股份，完成了对"三类股东"的清理（见表 7-2）。2017 年 11 月 15 日，该企业终止挂牌。虽然该企业仍因其他原因导致 IPO 被否决，但此案例显示出"三类股东"问题曾的确困扰拟 IPO 的新三板挂牌企业。

此外，还有个别企业（如七星科技，430746.OC）为方便国有券商退出而由做市转为协议。在 2017 年 11 月 18 日之前，根据原有

---

① 中国证监会新闻发言人常德鹏于 2018 年 1 月 12 日首度回应"三类股东"问题，一是要求企业控股股东、实际控制人、第一大股东不得为"三类股东"；二是要求"三类股东"应已纳入金融监管部门的有效监管；三是要求存在相关情形的发行人提出符合监管要求的整改计划，并对"三类股东"做穿透式披露；四是要求"三类股东"对其存续期作出合理安排。这意味着"三类股东"以后不会成为新三板企业 IPO 申请的绝对障碍。

② 6 名"三类股东"分别为融汇天和 1 号投资基金、信诺汇富 1 号投资基金、德骏中国纳斯达克新三板 3 期基金、新方程启辰新三板指数增强基金、国保新三板 2 号资产管理计划、国保新三板 3 号资产管理计划。

表 7 – 2　时代装饰前十大股东的股权结构

股东排名	2015 年 9 月 20 日		2017 年 11 月 19 日	
	股东名称	持股比例（%）	股东名称	持股比例（%）
1	曲 *	34.09	曲 *	34.30
2	李 *	30.75	李 *	30.94
3	集杰咨询	7.29	集杰咨询	7.29
4	唐正 *	4.55	唐正 *	4.55
5	曲 *	3.64	曲 *	3.64
6	融汇天和 1 号投资基金	3.28	李 *	1.82
7	信诺汇富 1 号投资基金	2.73	陈 *	1.62
8	李 *	1.82	毕贤 *	1.46
9	王炜 *	1.46	王炜 *	1.46
10	毕贤 *	1.46	马 *	0.73

　　注：时代装饰在预披露更新的招股说明书中，披露的 2015 年 9 月 30 日与 2017 年 11 月 19 日前十大股东的股权结构中，可以发现在做市转协议后，位列第 6 和第 7 的两大"三类股东"得到了清理。

数据来源：Wind 数据库。

　　的《境内证券市场转持部分国有股充实全国社会保障基金实施办法》①，含国有股股份的拟 IPO 企业，除国务院另有规定外，需按首次公开发行时实际发行股份数量的 10%，将部分国有股转由社保基金会持有。这意味着做市企业一旦 IPO 上市，为其做市的国有控股券商所持有的原库存做市股份可能转由社保基金持有。如果拟 IPO 的挂牌企业继续做市转让，想退出做市的部分做市商便需要单独申报退出手续，加上做市商退出做市还面临股转系统的其他限制②，所

---

　　① 2017 年 11 月 18 日，国务院印发《划转部分国有资本充实社保基金实施方案》，该方案中明确表示《境内证券市场转持部分国有股东充实全国社会保障基金实施方案》将不再执行，此后，国有券商问题对拟 IPO 做市企业的影响甚微。

　　② 根据《全国中小企业股份转让系统股票转让方式确定及变更指引（试行）》，若初始做市商做市不满 6 个月或者后续加入的做市商不满 3 个月的，不得申请退出为该股票做市。

以为避免以上问题，拟 IPO 的做市企业一般会主动申请退出做市转让，转为协议转让。

三、实现大宗交易

在大宗交易下，单笔证券买卖申报需达到规定的最低限额，买卖双方通过协商达成一致并经交易所确定达成证券交易。由于制度的局限性，新三板尚未推出与做市交易兼容的大宗交易制度，而在协议转让下，买卖双方可通过洽谈、协商、"互报成交"完成大宗股权转让。当做市企业因被收购或者大股东增持、减持而不得不进行大额股份转让时，企业会变更交易方式，以使交易顺利达成。

（一）股权收购

在当前市场环境下，企业实现成长和发展一是靠内生增长，如内部积累；二是靠外生增长，如企业并购。新三板企业多为成长性的中小型企业，为尽快获取更多的经济资源、实现资金的快速增长，寻求被上市企业并购的机会，不失为一条捷径。自 2013 年起，陆续有新三板企业被上市企业并购，并呈逐年上涨态势。特别是 2016 年 6 月分层机制的推出，创新层与基础层实施差异化标准，为上市企业并购提供了筛选依据。截至 2017 年 12 月 31 日，41 家新三板企业通过被上市企业并购退出新三板。其中 6 家企业曾为做市交易，为完成并购前后的股东变更和清理工作，陆续退出了做市。以奇维科技（430608. OC）为例，作为因被上市企业并购而由做市转为协议的首家企业，2015 年 11 月，奇维科技与雷科防务（002413. SZ）签订了《发行股份及支付现金购买资产框架协议》。其并购之路经历了"签署协议并停牌→做市转协议→在新三板终止挂牌"等阶段（见图 7 - 2）。为了配合收购方完成吸收合并的交易，奇维科技于2016 年 1 月 20 日由做市转为协议，并于 2016 年 5 月 24 日在新三板终止挂牌，最终奇维科技被雷科防务以 8.95 亿元的价格收购了100% 的股权。

图 7 - 2　奇维科技并购各阶段时间点

资料来源：奇维科技公司公告。

（二）方便股东增持、减持

在资本市场上，股东的市场行为，特别是大股东增持、减持行为会直接影响企业股价和流动性，产生信号传递作用。唐松等（2014）发现非国有股东会基于经济利益最大化的动机而进行增持行为，而在股票市场异常波动时，大股东会通过减持以降低投资风险（Maug，1998）。由于新三板市场的不稳定性，大股东的增持、减持行为时有发生。在缺乏大宗交易渠道的情况下，协议转让成为新三板企业大股东退出的主要通道。此外，《全国中小企业股份转让系统做市商做市业务管理规定（试行）》对风险措施和做市禁止行为进行了明确规定①，在增持、减持过程中，做市商与挂牌企业约定交易

---

① 《全国中小企业股份转让系统做市商做市业务管理规定（试行）》第十四条对做市商行为进行了限制，包括不得利用内幕信息进行投资决策和交易；不得利用信息优势和资金优势，单独或者通过合谋，制造异常价格波动；不得与所做市的挂牌企业及其股东就股权回购、现金补偿等做出约定，等等。

价格、寻找接盘机构，都涉嫌违反政策规定。而协议转让允许股东与接盘方自由协商交易价格，可避免转让过程中的政策风险。

因此，股东增持、减持是新三板企业做市转协议的一大内因，据统计，截至 2017 年 12 月 31 日，在 512 家做市转协议的新三板企业中，有 74 家企业的股东在做市转协议后的 4 个月内完成了增持或减持的计划，至少有 9 家是实际控制人进行增持或减持，有 11 家是以退市为目的而进行的增持或减持。

四、估值与流动性

基于股转系统、企业公告等可获得的信息，上述内容分析了企业由做市转让转为协议转让的显性动因。但在 512 家做市转协议的企业中，尚有一半左右的企业未明确表示做市转协议的动机。经过分析，笔者认为估值与流动性应该是这些企业变更交易方式的主要原因。

（一）流动性目标

流动性始终是新三板挂牌企业的主要诉求，历次交易制度变革的初衷也多为提振市场流动性，做市商制度引入的主要动机即是如此。陆续有学者研究做市商制度对新三板市场流动性的影响，陈辉和顾乃康（2017）认为做市商制度在短期内对股票流动性有正面影响，但何牧原和张昀（2017）则发现做市商制度未能在促进流动性上发挥充分作用，郑建明等（2018）通过研究选择做市交易企业的流动性变化，认为新三板市场出现了"流动性悖论"。从已有研究可知，做市商制度在新三板市场并未取得预期成效。根据第五章的实证分析结论可知，做市商制度虽稳定了交易波动性、缩小了价差，但降低了股票交易规模。究其原因，新三板市场做市商制度尚不完善，且做市商数量有限，加上新三板挂牌企业多是处于成长期的中小企业，流动性风险较大，导致做市商资金成本较高，做市积极性欠佳，市场对做市商制度的信任度也逐渐降低。鉴于交易量的大幅缩小，虽然在做市商制度的相关规定下，做市转让能够缩小其买卖价差，但是部分企业仍基于扩大交易规模的考虑选择弃"做市"转"协议"。

从做市交易和协议转让的市场表现分析，2017 年全年做市转让股票的月平均成交量为 127572.82 万股、成交额为 654210.96 万元；而协议转让股票的月平均成交量为 458059.81 万股、成交额为 1238959.07 万元，做市转让股票的成交量远不如协议转让股票。笔者选取部分后期发生做市转协议的企业作为研究对象（154 家企业），分别匹配其当时初次做市的时间，设置该时点为 0 点，以该时点前后的五个月（−5，＋5）① 分别作为做市之前与做市之后的时间区间，选择换手率（$Lnturnover$）、交易量（$Lnvol$）、交易额（$Lndvol$）作为其流动性的代理变量（均为对数值，变量定义与前文一致）。通过对企业做市前后的流动性月度均值进行趋势分析发现，这些企业当初由协议转让转为做市交易后，换手率、交易量、交易额均出现较明显的下降。结果显示，企业选择做市交易后并未提升交易规模，基于此原因，部分企业会选择重返协议转让（见图 7−3）。

（二）实现合理估值

做市商制度设立的初衷是稳定市场、提高流动性、实现价格发

---

① 如图 7−3 所示，企业初次做市时点为 0 点，做市之前各月为 −1、−2、−3、−4、−5，即做市前 1 个月、前 2 个月、前 3 个月、前 4 个月、前 5 个月；做市之后各月为 ＋1、＋2、＋3、＋4、＋5，即做市后 1 个月、后 2 个月、后 3 个月、后 4 个月，后 5 个月。

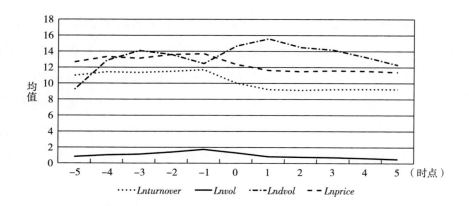

图 7 - 3　企业选择做市交易的市场表现趋势

现功能，但由于配套制度的局限性，当市场行情不稳定时，做市商会承担较大的交易风险。由于缺乏必要的担保约束，做市商做市积极性不足，使其价格发现功能受限，导致部分由协议转做市的企业无法实现合理估值。路维光电（833550. OC）是典型的因股价低估而选择转为协议转让的企业。路维光电于 2015 年 9 月 15 日在新三板挂牌，自 2016 年 2 月 16 日进行做市转让后，其市场表现一路低迷，股价始终在 7～8 元徘徊。为缓解企业估值困境，企业宣布于 2016 年 10 月 21 日变更为协议转让，此后股价开始攀升（见图 7 - 4），短短一个月时间上升至 10～11 元，并在 2017 年末达到 27.48 元的最高价位。在 2016 年 12 月 2 日发布的股票定增方案中，路维光电的 6 名投资者全部以 10 元每股的现金形式认购股票，此时距离企业做市转协议仅过去 2 个月，这一价位也高于做市时最后一个成交日的收盘价 7.6 元/股。这说明对投资者而言，路维光电的企业市值比做市转让时的市值要高，即此前企业股票的价格被显著低估。

　　为综合剖析企业选择做市交易后的估值表现，按照上文流动性分析模式，在图 7 - 3 中绘制了纳入日均收盘价（*Lnprice*）作为股票价格的代理变量（变量的定义与前文一致）的曲线，匹配其当时初次做市的时间，对企业做市前后的五个月（-5，+5）的股价表现进行分析。结果发现，企业股价在转为做市交易后一个月有短期（+1）的上升，但随后下跌趋势明显，图7-3的结果表明部分企业在选择做市转让后并未实现合理估值。

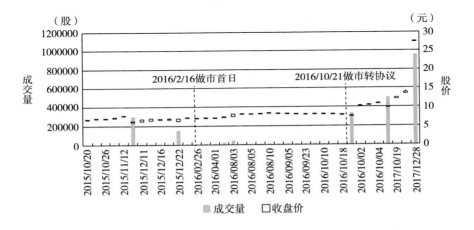

图7-4　路维光电K线图（2015年10月至2017年12月）

数据来源：Wind 数据库。

此外，由于企业价值被低估直接影响了其定增融资，部分做市企业因此转为协议转让。据统计，截至2017年12月31日，在512家做市转协议的新三板企业中，至少存在20家企业在做市转协议的4个月内，已完成或正在实施定增计划。对拟定向增发融资的企业而言，一方面，定增后股东人数如未超过200人可获证监会豁免核准①，为使定增顺利进行，做市企业会考虑股权分散因素而转为协议

---

① 《非上市公众公司监督管理办法（2013年修订）》第四十五条：在全国中小企业股份转让系统挂牌公开转让股票的公众企业向特定对象发行股票后股东累计不超过200人的，中国证监会豁免核准，由全国中小企业股份转让系统自律管理，但发行对象应当符合本办法第三十九条的规定。

转让；另一方面，企业由做市转协议后，更易对市场价格进行控制，便于将股价维持在其认为的"合理"价位，以便后续的定增融资。

综上所述，企业退出做市转让的因素错综复杂，在制度动因方面，除了企业被迫摘牌退出外，还存在做市商制度与新三板市场现有规则之间的兼容性不足、企业筹划 IPO 以及实现大宗交易等原因的退出；在微观动因方面，现阶段做市商制度市场表现不佳使做市企业流动性整体低迷，未实现企业的合理估值，这也是企业由做市转协议的重要原因之一。

第二节　退出做市转让后果分析：基于双重差分模型

根据前文的分析，做市商制度存在的潜在问题可能使企业未能达到做市目的，因此导致部分企业退出做市交易转为协议转让。该变更行为是会给企业造成流动性和估值的再次降低，还是能使它们突破当前的困境呢？接下来，本书以由做市转为协议的企业为研究样本，剔除主动或被动摘牌的企业、因拟 IPO 等转板或退市的企业，对剩余样本交易方式变更前后的流动性，采用两阶段 DID 模型进行检验，以更好地分析做市转协议的市场效应。

一、数据与样本

如图 3-4 所示，从 2016 年开始，陆续有企业开始由做市转为协议，且 2017 年这一现象更是频繁。这里选择了截至 2016 年底仍在新三板进行股权转让、选择做市交易的企业为研究样本，并进行了如下处理：剔除了因摘牌、退市和转板的企业，剔除了两阶段均无交易的企业，剩余样本企业 1327 家，共 15780 个观测值。本书采用月度数据进行分析，研究窗口期为（−6，+6），以 2017 年 1 月至 2017 年 6 月为事件发生期，并令 2016 年 7 月至 2016 年 12 月为基期（$Period = 0$），2017 年 7 月至 2017 年 12 月为对照期（$Period = 1$），搜集事件发生前后两阶段的月度数据来分析该事件的经济后果。此外，选取 2017 年 1 月至 2017 年 6 月由做市转为协议的 154 家企业为处理组，剩余在基期和对照期一直为做市转让（1173 家）的企业为控制组，采用两阶段 DID 模型进行分析。

二、变量选取与定义

（一）被解释变量

前文从交易紧度、深度、即时性出发，采用价格冲击等指标对流动性进行了度量，结合第五章的实证分析结果，做市商制度能够减少买卖价差，降低股价"急涨暴跌"程度，但却显著降低了交易规模。结合前文的分析，这里将检验企业是否因为交易深度减少而选择弃"做市"转"协议"。笔者选择了换手率（$Lnturnover$）、交易量（$Lnvol$）和交易额（$Lndol$）分别衡量股票流动性。此外，借鉴多数文献的做法，用 $Tobin\ Q$ 值作为企业价值的代理变量，用平均日均收盘价的自然对数（$Lnprice$）来度量企业股价。在以流动性指标和企业价值指标为被解释变量进行分析时，$Lnprice$ 被作为控制变量以控制股票价格对被解释变量的影响。

（二）解释变量

如果挂牌企业在事件发生期内由做市转让转为协议转让，则设定为处理组 $Treat = 1$；如果一直选择做市转让的企业，则设定为控制组 $Treat = 0$。

（三）其他变量

借鉴陈辉和顾乃康（2017）、郑建明等（2018）的研究方法，考虑到影响股票流动性和企业价值的因素，在模型中设置如下控制变量：波动性（$Stkret^2$）、流通股股数（Cir_stock）、股权结构（$Top1$）、企业业绩（Roe）、资产负债率（$Level$）、成长性（$Growth$）以及企业规模（$Size$）。其中，市场特征变量为当月的月度值，企业特征变量为该年的年末值。此外，本书纳入行业虚拟变量以控制行业影响因素。以上变量的定义均与前文一致。

三、描述性统计

由表 7 - 3 中所示的全样本描述性统计结果可知，样本企业换手率均值为 0.15，交易量和交易额均值分别为 9.48、10.97，总体偏低。为减少新三板挂牌企业极端值的影响，文中对企业特征方面的连续变量进行了 1% 的 Winsorize 处理。

表 7 - 3 变量的描述性统计

变量	N	均值	标准差	最小值	最大值
Lnturnover	12149	0.15	0.40	0	2.92
Lnvol	12149	9.48	1.65	5.81	16.76

续表

变量	N	均值	标准差	最小值	最大值
$Lndvol$	12149	10. 97	1. 8	6. 21	19. 25
$TobinQ$	15402	1. 79	1. 89	0. 1	30. 55
$Lnoprice$	15780	6. 74	6. 46	0. 37	115. 44
$Treat$	15780	0. 12	0. 32	0	1
$Stkret^2$	15777	0	0. 05	0	5. 18
Cir_stock	15780	17. 19	1. 03	10. 17	23. 42
$Top1$	15780	42. 33	16. 28	12. 32	82. 49
Roe	15384	6. 27	17. 84	− 71. 99	47. 57
$Level$	15390	35. 59	18. 73	3. 31	84. 28
$Growth$	15402	17. 57	48. 22	− 75. 93	253. 77
$Size$	15402	19. 2	0. 99	16. 95	22. 03

四、退出做市转让与市场效应检验

此部分采用两阶段 DID 模型检验了由做市转让转为协议转让的企业的股票流动性变化。由于初始样本中的实验组（154 家）和控制组（1173 家）之间差距较大，所以这里使用倾向得分匹配法（PSM）以减少两者差异，即为每一个实验组样本找到特征相似的控制组样本。先根据独立性假设条件，设定匹配变量为 $Lnprice$、$Stkret^2$、Cir_stock、$Top1$、Roe、$Level$、$Growth$、$Size$，这些匹配变量会同时影响股票流动性和企业价值；再根据选定的匹配变量采用最邻近匹配法对样本进行一对一匹配，匹配后实验组和控制组各有 154 家企业。匹配差异检验见表 7 - 4，匹配前和匹配后创新层和基础层企业倾向得分分布见图 7 - 5，图 7 - 5（a）表示匹配前，图 7 - 5（b）表示匹配后，横轴为倾向得分值，纵轴为概率密度，实线代表实验组样本，虚线代表控制组样本。图 7 - 5（a）显示两组样本在匹配前存在较大差异，图7－5（b）显示经匹配后两组样本间基本不存在显著差异。从表7－4和图7－5可知，PSM很好地修正了两组之间的得分偏差，在一定程度上减少了因样本选择偏误带来的内生性问题。

表7－4　匹配差异检验

变量	实验组均值	控制组均值	偏差（%）	t 值	p 值
$Stkret^2$	0.0023	0.0008	4.7	1.25	0.212
$Lnprice$	9.0462	9.6761	−9.5	−0.68	0.495
Cir_stock	17.276	17.251	2.6	0.21	0.833
$Top1$	41.214	42.462	−8.1	−0.68	0.499
Roe	16.547	15.328	7.4	0.69	0.489
$Level$	36.248	39.007	−14.8	−1.26	0.209
$Growth$	37.832	32.751	8.2	0.68	0.496
$Size$	19.509	19.678	−18.0	−1.51	0.131

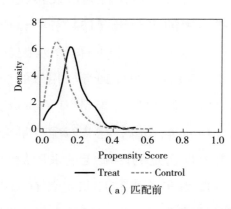
（a）匹配前

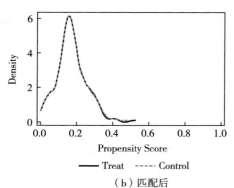
（b）匹配后

图7－5　倾向得分概率分布

表7－5为基于PSM后样本进行的DID分析结果。其中，2016年7月至2016年12月为基期（$Period=0$）、2017年7月至2017年

12 月为对照期 (*Period* = 1)，2017 年 1 月至 2017 年 6 月为事件发生期。在事件发生期内由协议转为做市的为实验组 (*Treat* = 0)，一直为做市的为控制组 (*Treat* = 0)。被解释变量为换手率 (*Lnturnover*)、交易量 (*Lnvol*)、交易额 (*Lndvol*)、企业价值 (*TobinQ*) 和股票价格 (*Lnprice*)。其中，*Lnprice* 在表 7 – 5 中列 (1) ~ (4) 作为控制变量，在第 (5) 列作为被解释变量以检验企业由做市转协议对股票价格的影响。解释变量为 *Treat*、*Period*、*TP* (*Treat* × *Period*)，这里重点关注 *TP* 交乘项的估计系数。表 7 – 5 中列 (1) ~ (3) 结果表明，由做市转为协议的企业，其换手率、交易量和交易规模显著增加，这说明企业由做市转协议有助于股票流动性，同时印证了前文关于企业基于流动性考虑而由做市转为协议的动因分析。第 (4) 列、第 (5) 列显示企业重新转为协议转让后，企业价值和股票价格均有较显著的提升，这说明做市转协议有利于提升企业的估值。

控制变量的结果显示，波动性 (*Stkret*^{2}) 越强的股票，其流动性越好，企业价值和股票价格也越高，原因是新三板多数股票交易冷淡，较高的波动性意味着股票交投越活跃 (陈辉和顾乃康，2017；郑建明等，2018)。流通在外的股份数 (*Cir_stock*) 越多，交易量、交易额越多，但换手率却越低。从换手率公式分析，当流通股越多，交易量、交易额的增加却低于流通股的增加量时，会导致换手率降低，同时，较多的流动股也意味着较大的企业价值。股票价格 (*Lnprice*) 越高，但交易量越小，交易额越大。从企业特征变量分析，第一大股东持股比例 (*Top*1)、资产负债率 (*Level*) 越高，越不利于股票流动性；企业规模 (*Size*) 越大、业绩 (*Roe*) 越好，股票流动性和股票价格也越高；企业成长性 (*Growth*) 越好，越有利于交易规模的增加。

表 7 - 5　做市转协议企业的流动性和估值：PSM - DID 模型

变量	Lnturnover （1）	Lnvol （2）	Lndvol （3）	TobinQ （4）	Lnprice （5）
Treat	- 0.0294	- 0.0821	- 0.0716	- 0.0200	- 0.230
	（- 0.91）	（- 0.66）	（- 0.56）	（- 0.20）	（- 0.27）
Period	- 0.0263	0.0408	0.00976	- 0.0938	- 1.211 *
	（- 1.02）	（0.43）	（0.11）	（- 1.35）	（- 1.72）
TP	0.206 ***	0.262	0.379 **	0.329 ***	2.996 ***
	（3.34）	（1.51）	（2.15）	（3.15）	（3.50）
Lnprice	0.0002	- 0.0196 ***	0.0412 ***	0.130 ***	
	（0.09）	（- 3.46）	（4.08）	（7.18）	
Stkret^2	2.968 ***	12.03 ***	9.387 ***	5.007 *	23.58 *
	（3.49）	（5.35）	（4.96）	（1.96）	（1.69）
Cir_stock	- 0.0712 *	0.428 ***	0.321 ***	0.509 ***	- 3.055 ***
	（- 1.91）	（4.58）	（3.63）	（3.42）	（- 3.10）
Top1	0.0001	- 0.0129 ***	- 0.0134 ***	0.0069 **	0.0253
	（0.07）	（- 3.36）	（- 3.43）	（2.20）	（1.31）
Roe	- 0.0011	- 0.0007	0.0078 **	0.0043	0.0663 ***
	（- 1.20）	（- 0.19）	（2.31）	（1.04）	（3.14）
Level	0.0003	- 0.0056	- 0.012 ***	- 0.0153 ***	- 0.140 ***
	（0.29）	（- 1.48）	（- 3.01）	（- 3.70）	（- 6.49）
Growth	0.0005 *	0.0025 **	0.0032 ***	0.0018	0.0104
	（1.95）	（2.11）	（2.62）	（1.16）	（1.43）
Size	- 0.0161	0.231 ***	0.433 ***	- 0.833 ***	4.220 ***
	（- 0.49）	（2.59）	（4.80）	（- 5.61）	（4.83）
_cons	1.781 ***	- 1.365	- 2.097	8.248 ***	- 20.15 ***
	（4.68）	（- 1.08）	（- 1.51）	（6.16）	（- 2.65）
Industry effects	YES	YES	YES	YES	YES
Firm clusters	YES	YES	YES	YES	YES
N	2887	2887	2887	3575	3575
R^2	0.0895	0.2162	0.2723	0.6591	0.2767

五、稳健性检验

表7-5先采用最近邻匹配法，从多个维度为每一个实验组样本匹配了一个最相近的控制组样本，这在一定程度上克服了内生性问题，其结果显示企业由做市转协议能够提升股票流动性，有利于实现企业的合理估值。为保证研究结果的稳健性，本书进行了进一步检验：一是采用匹配前样本（实验组154家，控制组1173家）进行两阶段DID模型分析，结果见表7-6；二是采用基于半径（卡尺）匹配的PSM-DID模型进行了重新检验（见表7-7）。稳健性检验结果与前文结论基本一致，进一步佐证了本节的结论。

表7-6　稳健性检验一：做市转协议两阶段 DID 模型回归结果

变量	Lnturnover (1)	Lnvol (2)	Lndvol (3)	TobinQ (4)	Lnprice (5)
Treat	0.008	0.005	0.025	0.054	1.351 **
	(0.021)	(0.093)	(0.096)	(0.086)	(0.510)
Period	-0.024 **	-0.156 ***	-0.264 ***	-0.133 ***	-0.869 ***
	(0.009)	(0.036)	(0.037)	(0.032)	(0.143)
TP	0.201 ***	0.532 ***	0.663 ***	0.223 *	2.700 ***
	(0.050)	(0.151)	(0.155)	(0.100)	(0.534)
$Stkret^2$	0.904 *	1.798	1.097	0.198	1.248
	(0.378)	(1.078)	(0.931)	(0.112)	(1.674)
Lnprice	-0.000	-0.018 ***	0.071 ***	0.200 ***	
	(0.001)	(0.004)	(0.009)	(0.017)	
Cir_stock	-0.059 ***	0.442 ***	0.275 ***	0.569 ***	-3.393 ***
	(0.013)	(0.051)	(0.055)	(0.092)	(0.397)
Top1	-0.001	-0.008 ***	-0.008 ***	0.006 **	0.015
	(0.000)	(0.002)	(0.002)	(0.002)	(0.008)

续表

变量	Lnturnover (1)	Lnvol (2)	Lndvol (3)	TobinQ (4)	Lnprice (5)
Roe	− 0. 000	− 0. 003	0. 002	− 0. 015 **	− 0. 001
	(0. 000)	(0. 002)	(0. 002)	(0. 005)	(0. 013)
Level	− 0. 000	− 0. 009 ***	− 0. 013 ***	− 0. 008 ***	− 0. 082 ***
	(0. 000)	(0. 002)	(0. 002)	(0. 002)	(0. 010)
Growth	0. 001 ***	0. 003 ***	0. 003 ***	0. 003	0. 015 ***
	(0. 000)	(0. 001)	(0. 001)	(0. 002)	(0. 004)
Size	0. 016	0. 347 ***	0. 571 ***	− 0. 988 ***	4. 000 ***
	(0. 011)	(0. 047)	(0. 054)	(0. 113)	(0. 376)
_cons	− 1. 094 ***	0. 899 ***	− 3. 975 ***	− 4. 345 ***	9. 670 ***
	(0. 250)	(0. 137)	(0. 637)	(0. 672)	(0. 890)
Industry effects	YES	YES	YES	YES	YES
Firm clusters	YES	YES	YES	YES	YES
N	15381	11872	11872	11872	15381
R^2	0. 0653	0. 0518	0. 2335	0. 3500	0. 5597

表 7 - 7　稳健性检验二：做市转协议 PSM - DID 模型回归结果

变量	Lnturnover (1)	Lnvol (2)	Lndvol (3)	TobinQ (4)	Lnprice (5)
Treat	0. 008	− 0. 032	− 0. 045	− 0. 063	0. 008
	(0. 023)	(0. 099)	(0. 102)	(0. 079)	(0. 023)
Period	− 0. 024 *	− 0. 143 **	− 0. 248 ***	− 0. 161 ***	− 0. 024 *
	(0. 012)	(0. 048)	(0. 049)	(0. 034)	(0. 012)
TP	0. 182 ***	0. 437 **	0. 589 ***	0. 348 ***	0. 182 ***
	(0. 054)	(0. 164)	(0. 170)	(0. 086)	(0. 054)
Lnprice	− 0. 001	− 0. 020 **	0. 078 ***	0. 187 ***	
	(0. 002)	(0. 007)	(0. 009)	(0. 017)	
$Stkret^2$	2. 912 **	8. 463 ***	6. 585 **	0. 306	2. 912 **
	(1. 076)	(2. 531)	(2. 052)	(0. 637)	(1. 076)
Cir_stock	− 0. 040 *	0. 484 ***	0. 359 ***	0. 546 ***	− 0. 040 *
	(0. 017)	(0. 081)	(0. 081)	(0. 112)	(0. 017)

变量	Lnturnover (1)	Lnvol (2)	Lndvol (3)	TobinQ (4)	Lnprice (5)
Top1	−0.000	−0.008***	−0.009***	0.008**	−0.000
	(0.000)	(0.002)	(0.002)	(0.002)	(0.000)
Roe	−0.000	−0.003	0.003	−0.013	−0.000
	(0.001)	(0.003)	(0.003)	(0.009)	(0.001)
Level	0.000	−0.011***	−0.013***	−0.006*	0.000
	(0.001)	(0.003)	(0.003)	(0.003)	(0.001)
Growth	0.001***	0.003***	0.003***	0.004	0.001***
	(0.000)	(0.001)	(0.001)	(0.003)	(0.000)
Size	−0.012	0.311***	0.485***	−0.953***	−0.012
	(0.015)	(0.073)	(0.074)	(0.138)	(0.015)
Industry	控制	控制	控制	控制	控制
_cons	1.132***	−3.972***	−4.132***	9.435***	1.132***
	(0.198)	(0.890)	(0.932)	(1.096)	(0.198)
Industry effects	YES	YES	YES	YES	YES
Firm clusters	YES	YES	YES	YES	YES
N	6906	6906	6906	8914	6906
R^2	0.0730	0.2258	0.3248	0.5840	0.0730

注：本表为基于半径（卡尺）匹配的 PSM-DID 模型回归结果，将卡尺范围界定在 0.001，这意味着对倾向得分相差 0.1% 的观测值进行匹配。匹配后实验组和控制组仍存在一定差异，这证实了正文中最近邻匹配一对一匹配的合理性。匹配后实验组和控制组分别为 138 个和 627 个样本。PSM-DID 模型回归结果与前文一致，这证实了本节的结论。

第三节　竞价交易制度下企业退出
做市转让：强制退出

如图 3-4 所示，2018 年 1 月 18 日，竞价交易制度推出后，依然陆续有企业退出做市转让。经统计，2018 年全年共有 27 家企业由竞价交易转为做市交易，但同时有 217 家企业退出做市交易，其中，绝大多数企业是由于做市商的陆续退出，导致不满足两家以上的做市商做市的需求，而被迫强制退出。由图 3 – 5 可知，2018 年 1 月，三板成指和三板做市首次跌破 1000 点，新三板市场陷入"流动性危机困境"。在此情形下，部分做市商纷纷调整做市策略，逐步放弃为部分较差企业做市，从而导致了部分做市转让企业不得不退出做市，转为竞价交易。

为考察企业退做市转竞价的市场表现，本节选取了 217 家在 2018 年发生退出做市的企业为研究对象，分别匹配其退出做市的时间，设置该时点为 0 点，以该时点前后的五个月 （ – 5，+5）为[①] 事件窗分别作为做市之前与做市之后的时间区间，选择换手率 （Lnturnover）、交易量 （Lnvol）、交易额 （Lndvol） 作为其流动性的代理变量 （均为对数值，变量定义与前文一致）。通过对企业退出做市前后的流动性月度均值进行趋势分析 （见图 7 – 6、图 7 – 7）发现，这些企业在退出做市转让后，交易量、交易额短期内出现显著下跌 （+3），后期又出现了一定程度的回暖，而换手率指标显示其流动性在退出做市转让后持续显著降低。图 7 – 6、图 7 – 7 结果显示，2018 年 1 月以后，盘中做市转让或"竞价交易 + 盘后协议转让"的新交易制度，在一定程度上弥补了做市转让条件下大宗交易等制度的缺陷，与 2018 年之前企业退出做市转让流动性显著提升的结果不同，2018 年企业退出做市转让后交易规模显著下降，因此，企业退出做市更多的是在做市商退出之下的无奈选择。在此情形下，企业退出做市转让的自身主观微观动因削减，更大程度上是做市商不再选择为其做市而不得不退出的被动原因。

---

① 如图 7 – 6 和图 7 – 7 所示，企业退出做市时点为 0 点，退出做市之前各月为 – 1、– 2、– 3、– 4、– 5，退出做市之后各月为 + 1、+ 2、+ 3、+ 4、+ 5 （参见第 149 页脚注 1）。

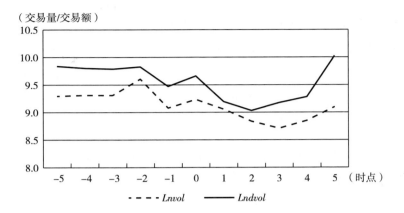

图7-6 新交易制度下企业退出做市交易的交易量、交易额表现

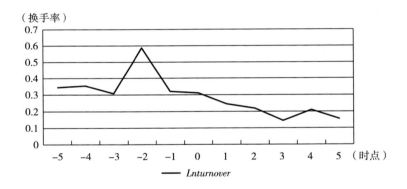

图7-7 新交易制度下企业退出做市交易的换手率表现

本章小结

一般情况下，企业由协议转让转为做市转让意在提升流动性，实现合理估值，但有部分做市企业纷纷退出做市，它们是受限于做市商制度的局限性不得已而为之，还是企业为实现其他交易行为而且愿转变呢？本章以新三板市场上，由做市转让转为协议转让的企业为研究对象，结合新三板市场制度安排，分析其交易方式"逆向"选择的动因，为前文关于选择做市转让的微观动因增添了新的证据。

在 2018 年新交易制度推出之前，由于做市商制度的局限性，新三板企业退出做市转让的原因既有制度动因，又有企业主动退出的微观动因。从制度动因分析，随着新三板摘牌政策的推出，少部分企业因信息披露不足、不满足持续挂牌条件、违法违规等原因退出做市，进而终止挂牌；由于做市商制度的局限性，部分企业筹划 IPO、控制股权分散、限制"三类股东"买入、方便国有券商退出（个别企业）等原因，不得不退出做市转让；由于做市商制度下不易实现大宗交易，一些企业为实现股权收购、大股东增持、减持，而不得不转为协议转让。可见，以上情况下的做市转协议行为，实属制度局限性下的情非得已。从企业微观动因分析，本书发现尚有较多企业在做市转让下，面临企业价值被低估、定增融资受限、流动性等问题，为更好地提升企业价值，盘活交投活跃度，企业心甘情愿转为协议转让。因此，新三板挂牌企业退出做市转让，既有自身条件不足、受做市商制度限制的情非得已，又有企业为更好地进行市场交易而心甘情愿的选择。为更好地分析 2018 年之前企业由做市转协议的市场效应，本章采用双重差分倾向得分匹配模型（PSM－DID 模型），设定 2016～2017 年为样本期间，以做市转协议的企业为主要研究对象进行实证检验。结果显示，相比一直采用做市转让的企业而言，由做市转为协议后，企业的流动性、企业价值和股票价格显著提升，这说明部分企业在采用做市转让后，未实现预期的流动性目标，故而选择了退出做市转让，这印证了前文分析中提出的企业为提升流动性而主动选择退出做市转让的微观动因。

2018 年 1 月，竞价交易制度的推出，同时，将原有协议转让和做市转让并行的旧交易制度变更为盘中竞价交易或做市转让，以及盘后协议转让的新交易制度。经分析发现，在新交易制度下，由于 2018 年 1 月新三板市场行情的急速下跌，做市商主动放弃为部分企业做市，使得这些企业被迫由做市交易转为竞价交易。在此情形下，企业退出做市转让的自身主观微观动因削减，更大程度上是做市商不再选择为较差企业做市而不得不退出的被动原因。这佐证了前文分析中提到的做市商主动选择为优质企业做市的微观动因。本章通过以做市企业退出做市转让为研究视角进行分析，印证了第四章中做市商和企业之间存在"互选效应"的结论。

第八章　研究结论与政策建议

第一节　研究结论

交易机制是证券市场的核心要素。做市商制度作为一种重要的证券交易制度，承担着提高流动性、降低信息风险、稳定市场的任务（Kedia and Zhou，2011）。做市商制度在新三板市场的实践，也是多层次资本市场完善交易制度建设的重要变革。证券交易活动是检验交易机制安排是否合理、能否满足企业和投资者双方交易需求的直接渠道。本书基于新三板市场的特殊交易制度安排，探索在市场发展初期，交易机制选择的微观动因及影响因素，以检验市场反应。从企业微观行为视角检验做市商制度的实施效果，探索制度设计的局限性，对于促进多层次资本市场交易制度的建设，推进新三板交易机制的改革至关重要。

本书从七个方面研究了交易方式选择的微观动因及流动性效应：第一，对新三板交易机制研究的背景及意义进行阐述。我国多层次资本市场的日趋健全、新三板市场的快速发展，为研究新三板相关问题提供了良好的制度环境。国内外较多文献在价格的形成、交易机制的设计、效率分析等方面奠定了较好的理论基础，但是做市商制度在中国多层次资本市场的实施尚处于初步阶段，现有关于做市商制度市场效应的研究尚未达成一致性结论，且较为匮乏。新三板市场双重交易方式并行的机制为深入探索做市交易选择的动因提供了可能，通过选取多期样本、多维度指标来评价做市商制度的实施效果，并对影响其实施效果的其他因素进行探讨，具有较强的理论和现实价值。

第二，对国内外相关文献进行梳理和总结，为本书奠定了理论基础和研究依据。通过对市场微观结构理论进行梳理，研究了价格的形成过程，分析了交易成本和信息不对称对做市商价差的影响作用，为本书分析新三板做市商行为提供了重要的参考依据。进一步研究证券市场交易机制与市场效率，有助于我们理解和比较多种交易机制，进而多维度地评价做市商制度的正面和负面效应。通过对声誉理论及金融中介声誉相关文献进行梳理，建立起金融中介机构和证券市场之间的联系，为深入探索影响做市商制度的市场效应提供了研究思路。

第三，梳理了新三板制度背景，为评估政策效果奠定了实践基础。通过分析多层次资本市场及新三板市场的主要制度发展历程，有助于我们理解和解释相关制度的影响因素。对新三板交易机制变革进行梳理以及对多种交易方式进行比较，为本书分析企业选择做市交易的微观动因，评价做市商制度的流动性效应提供了非常重要的制度依据。

第四，采用实证研究方法，探索交易方式选择的微观动因。鉴于做市交易的选择是双方达成意向的行为结果，因此，首先，从企业主动视角出发，分析企业是否选择做市与企业质量特征之间的相关关系；研究企业是否基于流动性诉求，从而使得高质量企业会倾向于选择做市转让。其次，从做市商视角出发，纳入券商声誉因素，检验券商与企业之间的"互选效应"；为比较做市商的偏好，同时纳入主办券商声誉与做市商声誉进行比较，以探索交易方式选择的微观动因。

第五，采用实证研究方法，分析做市商制度实施的市场效应。为全面评价做市商制度对流动性的影响，分别采用两阶段双重差分模型、倾向得分匹配双重差分模型以及多期双重差分模型进行检验，同时从多维度度量股票流动性，以弥补现有文献研究在样本选择、指标度量上可能出现的偏差。

第六，采用实证分析方法，探索可能影响做市商制度流动性效应的其他因素。借鉴现有文献的研究方法，分别纳入做市商数量、企业市值、券商声誉进行研究。对做市商数量的研究能为前文提出的"流动性缺陷"原因提供依据；对企业市值的分析证实了交易风险是影响做市商做市效果的重要因素，对券商因素的研究为第四章券商和企业之间的"互选效应"进一步提供了证据。

第七，通过制度分析、案例研究和实证研究探索了新三板企业退出做市转让的动因及后果。一方面，为从企业视角理解其选择做市转让的微观动因提供了证据；另一方面，为做市商制度的市场效果提供了检验。

本书的研究结论如下：

首先，交易方式的选择是企业和做市商的双向"互选"结果。做市转让方式选择的微观动因既有企业基于流动性需求的主动选择，也有做市商基于风险考虑的"精挑细选"。基于企业视角和做市商视角的实证分析发现，高质量企业更有可能受益于做市商制度，因此会倾向于选择做市转让。高声誉的做市商基于交易风险、交易成本的考虑会对拟做市企业"精挑细选"，会优先选择高质量的企业为其提供做市服务。相比之下，由于主办券商不参与股票交易活动，因此其对新三板挂牌企业未严格履行筛选义务。

其次，基于两阶段 DID 模型和多期 DID 模型的实证分析结果均证实：做市商制度并未完全提升市场的流动性，而是存在较大的局限性。由于股转系统对做市商买卖报价行为的规定，加上做市商制度本身交易更加市场化的机制优势，做市商制度显著降低了股票买卖价差、*Amihud* 值，减少了零收益天数，缩小了市场紧度，增加了交易即时性，发挥了做市商制度稳定市场的功能。但是从交易量、交易额、换手率及零收益天数比率冲击指标来看，做市商制度的实施则显著降低了股票交易规模，减少了市场深度。以上结果说明，受新三板市场环境、做市商数量匮乏以及配套制度不完善等影响，做市商制度在新三板市场的实践效果并未如愿，出现了"流动性缺陷"。

再次，根据做市商制度的市场效应结果，纳入做市商数量、企业市值、券商声誉等指标的实证结果显示，做市商数量对做市商制度的市场效应具有显著的正向调节作用，做市企业拥有的做市商数量越多，则流动性越好，这也证实了做市商数量匮乏是造成"流动性缺陷"的原因之一。企业市值对做市商制度的市场效应具有显著的正向调节作用，市值越大的企业交易风险越低，规模效应也越明显，因此在选择做市转让后能吸引更多的投资者，这证明了交易风险是影响做市商做市效果的重要原因之一。券商声誉对做市商制度市场效应的影响因券商履行职责的不同而呈现显著差异，主办券商主要是推荐挂牌和持续督导的职责，其声誉的高低对股票交易活动基本无显著影响；其因为直接参与股票的交易活动，其声誉对做市商制度的流动性效具有显著的正向影响作用，这证实了做市商偏好是影响交易方式选择的重要原因，高声誉的做市商与高质量的企业之间存在"互选效应"。

最后，对新三板做市企业退"做市"转"协议"这一现象进行研究。从制度动因上分析，配套制度的不完善性局限了做市商制度的实施效果，使得一些企业为筹划 IPO、实现大宗交易等，不得不退出做市转让；从企业微观动因分析，由于做市交易无法满足企业的流动性诉求，因此部分企业主动选择退出做市转让，且实证结果发现部分企业退出后实现了交易规模的显著提升；从做市商视角分析，在做市商制度缺陷得到一定弥补的情况下（新交易制度实施后），企业退出做市转让主要是受市场行情影响的做市商主动退出后的无奈选择。以上结果印证了交易方式的选择既有企业的主动选择，又有做市商的主动选择，即存在"互选效应"。

第二节　政策建议

通过以上研究结论发现，新三板市场交易机制正逐步实现市场化、竞争化，但仍存在较多问题。作为市场重要的金融中介机构，证券公司在履行新三板主办券商职责时并未起到筛选优质标的的作用，这也导致新三板市场在经历了"井喷"式发展后出现了企业质量参差不齐的情况，但证券公司在履行做市商职责时会起到一定的甄选功能。做市商制度推出至今，在一定程度上实现了稳定市场的功能，但却存在"流动性缺陷"。而拥有较多的做市商、高声誉的做市商以及较大市值的企业能够弥补"流动性缺陷"，这说明新三板市场做市商数量不足、做市商做市能力欠佳以及市场流动性风险较大是影响做市效果的主要瓶颈，而市场上企业质量参差不齐、主办券商持续督导欠佳、市场信息不透明是造成流动性风险的重要原因。

为此，笔者提出如下政策建议：

首先，在券商层面。作为重要的市场中介机构，主办券商和做市商在筛选优质企业、降低信息不对称等方面起到举足轻重的作用。在主办券商方面，虽其不参与股票交易，但在推荐企业挂牌及持续督导企业进行合规性信息披露、合法经营方面至关重要。根据前文分析，主办券商对新三板企业的选择存在"囫囵吞枣"行为，一方面，券商数量与挂牌企业数量间的不匹配，使得主办券商在对企业的选择上偏"量"轻"质"；另一方面，主办券商的责任缺失，加上监管不到位，使其较少承担企业质量不佳的损失。目前，新三板市场对主办券商具体义务的规定尚显不足[①]，对券商违规行为及连带责任的惩罚力度不大。在做市商方面，前文研究发现，做市商数量的不足是导致做市质量欠佳的直接原因。因此，新三板市场应从制度约束和引入券商数量上双管齐下：一是扩大券商队伍，丰富不同种类的券商。例如，除目前积极推进私募基金机构参与做市业务试点外，还可纳入公募基金、PE 机构等，使各机构发挥差异化优势，实现做市商的价格发现功能，解决券商供不应求的现状。二是明确证券公司的责任，将其纳入纪律监管或处罚的相关责任主体范围内，规定对其违规行为或挂牌企业的违规行为，承担直接责任或连带责任，加强对中介机构的声誉约束，使券商真正履行督导、监管等职责，发挥信息传递和认证中介的作用。

其次，在市场规则和制度监管层面。制度的有效运行须以健全的监管体系和稳定的制度环境为依托。根据前文分析，新三板市场

---

① 对主办券商执业质量进行规范的规章制度主要是全国中小企业股份转让系统发布的《全国中小企业股份转让系统主办券商执业质量评价办法》。

企业质量良莠不齐，导致市场总体质量较低，加上信息披露相关制度的欠缺，使市场参与者面临较大的交易风险，在市场风险较大的情况下，若缺乏制度约束，做市商行为很容易发生偏移，从而不履行主动撮合买卖交易的义务。一方面，应完善新三板市场相应规则体系，如借鉴 NASDAQ 股票市场，对做市商通过非市场手段获取低价库存股票的行为进行限制，使其主要收入应来源于股份转让经纪业务和双向报价赚取差价业务，从而更有力地刺激市场交易量的连续性；另一方面，健全的监管制度会约束做市商行为（Egginton，2014），在当前市场条件下，应侧重对做市商进行做市质量监管，完善做市商制度配套细则，从而保证做市商切实履行职责。

再次，在企业层面。由于做市商制度与现有市场规则之间存在兼容性不足等问题，因此，企业在对交易方式的选择上更加理性，而不是盲目跟风。一方面，企业应根据自身融资需求选择合适的交易方式，进而提高自身流动性，以弥补流动性供给的不足；另一方面，结合新三板市场分层制度，企业应着力完善自身企业治理，主动披露信息质量，降低自身交易风险，吸引市场参与者投资，进而满足更高层级的标准，切实提高股票流动性。

最后，市场资金存量不足也是导致流动性供给欠缺的重要原因。因此，在推进信息披露机制逐步健全的过程中，新三板市场应逐步降低投资者门槛，如果像主板市场一样放任大批散户进入新三板市场，那么监管部门的职责必然落在保护中小投资者上，这会成为新三板市场发展的障碍。所以，新三板市场应逐步推进投资者门槛的降低，此外，配合日趋完善的交易制度及信息披露机制，能够促使新三板市场的投资更加理性化。

参考文献

［1］曹丰，鲁冰，李争光，徐凯．机构投资者降低了股价崩盘风险吗？［J］．会计研究，2015（11）：55－61，97．

［2］陈辉，黄剑．公司特征、股权结构与股票流动性［J］．投资研究，2012，31（03）：90－100．

［3］陈辉，顾乃康．新三板做市商制度、股票流动性与证券价值［J］．金融研究，2017（04）：176－190．

［4］陈守明，冉毅，陶兴慧．R&D强度与企业价值——股权性质和两职合一的调节作用［J］．科学学研究，2012，30（03）：441－448．

［5］陈一勤．从 NASDAQ 看中国做市商制度的建立［J］．金融研究，2000（02）：80－84．

［6］陈运森，宋顺林．美名胜过大财：承销商声誉受损冲击的经济后果［J］．经济学（季刊），2018，17（01）：431－448．

［7］杜勇，刘建徽，杜军．董事会规模、投资者信心与农业上市公司价值［J］．宏观经济研究，2014（02）：53－62，122．

［8］郭泓，赵震宇．承销商声誉对 IPO 公司定价、初始和长期回报影响实证研究［J］．管理世界，2006（03）：122－128．

［9］何牧原，张昀．中国新三板市场的兴起、发展与前景展望［J］．数量经济技术经济研究，2017，34（04）：74－91．

［10］何以．全国联网模式下的三板市场交易制度研究［J］．投资研究，2011（05）：60－64.

［11］胡旭阳．中介机构的声誉与股票市场信息质量——对我国股票市场中介机构作用的实证研究［J］．证券市场导报，2003（02）：58－61.

［12］金晓斌，吴淑琨，陈代云．投资银行声誉、IPO 质量分布与发行制度创新［J］．经济学（季刊），2006（01）：403－426.

［13］金永军，扬迁，刘斌．做市商制度最新的演变趋势及启示［J］．证券市场导报，2010（10）：24－34.

［14］交易制度课题组．纽交所指定做市商制度演进及运行效果研究［J］．证券市场导报，2016（03）：54－61，77.

［15］李金甜，郑建明，孙诗璐．信息透明度、股价稳定性与股价同步性——来自新三板挂牌企业的证据［J］．投资研究，2018，37（05）：116－127.

［16］李金甜，郑建明，王怡彬．新三板企业退出做市转让："情非得已"还是"心甘情愿"？［J］．证券市场导报，2019（01）：11－19.

［17］李金甜，李甜甜，孙诗璐．新三板分层政策与股票流动性的影响研究——基于不同交易方式和分层标准的讨论［J］．国际商务（对外经济贸易大学学报），2019（04）：114－128.

［18］李学峰，徐辉．不同做市商制度对资本市场运行的影响：比较研究与启示［J］．产权导刊，2006（12）：34－36.

［19］林毅夫，孙希芳，姜烨．经济发展中的最优金融结构理论初探［J］．经济研究，2009，44（08）：4－17.

［20］刘海龙，仲黎明，吴冲锋．股票流动性的度量方法［J］．系统工程理论与实践，2003（01）：16－21，43.

［21］刘江会，尹伯成，易行健．我国证券承销商声誉与IPO企业质量关系的实证分析［J］．财贸经济，2005（03）：9－16，96.

［22］马永波，郭牧炫．做市商制度、双边价差与市场稳定性——基于银行间债券市场做市行为的研究［J］．金融研究，2016（04）：50－65.

［23］屈文洲，谢雅璐，叶玉妹．信息不对称、融资约束与投资—现金流敏感性——基于市场微观结构理论的实证研究［J］．经济研究，2011，46（06）：105－117.

［24］苏冬蔚，麦元勋．流动性与资产定价：基于我国股市资产换手率与预期收益的实证研究［J］．经济研究，2004（02）：95－105.

［25］孙培源，施东晖．微观结构、流动性与买卖价差：一个基于上海股市的经验研究［J］．世界经济，2002（04）：69－72.

［26］唐松，温德尔，赵良玉，刘玉．大股东股份增持的动机与效应研究［J］．财经研究，2014，40（12）：4－14.

［27］王兆琦．做市商制度对新三板市场的影响［J］．时代金融，2015（09）：86，88.

［28］魏明海，赖婧，张皓．隐性担保、金融中介治理与公司债券市场信息效率［J］．南开管理评论，2017，20（01）：30－42.

［29］吴淑琨，柏杰，席酉民．董事长与总经理两职的分离与合一——中国上市公司实证分析［J］．经济研究，1998（08）：3－5.

［30］邢缤心．PE/VC开展新三板做市业务的可行性分析［J］．清华金融评论，2014（12）：91－92.

［31］熊家财，苏冬蔚．股票流动性与企业资本配置效率［J］．会计研究，2014（11）：54－60，97.

［32］许年行，于上尧，伊志宏．机构投资者羊群行为与股价崩

盘风险［J］．管理世界，2013（07）：31 –43.

　　［33］杨之曙．市场微观结构理论及其应用［J］．经济学动态，1999（07）：59 –62.

　　［34］杨之曙，王丽岩．NASDAQ 股票市场交易制度对我国建立二板市场的借鉴［J］．金融研究，2000（10）：78 –84.

　　［35］杨之曙，吴宁玫．证券市场流动性研究［J］．证券市场导报，2000（01）：25 –33.

　　［36］余怒涛，沈中华，黄登仕，刘孟晖．董事会规模与公司价值关系的进一步检验——基于公司规模门槛效应的分析［J］．中国会计评论，2008，6（03）：237 –254.

　　［37］张学勇，张秋月．券商声誉损失与公司 IPO 市场表现——来自中国上市公司 IPO 造假的新证据［J］．金融研究，2018（10）：141 –157.

　　［38］张瀛．做市商、流动性与买卖价差：基于银行间债券市场的流动性分析［J］．世界经济，2007（10）：86 –95.

　　［39］张峥，李怡宗，张玉龙，刘翔．中国股市流动性间接指标的检验——基于买卖价差的实证分析［J］．经济学（季刊），2014，13（01）：233 –262.

　　［40］郑建明，李金甜，刘琳．新三板做市交易提高流动性了吗？——基于"流动性悖论"的视角［J］．金融研究，2018（04）：190 –206.

　　［41］赵增耀．董事会的构成与其职能发挥［J］．管理世界，2002（03）：125 –129，144.

　　［42］朱虹，王博．金融中介风险决策与双重隐性激励——基于资产管理机构声誉—资金流叠加效应的分析［J］．当代财经，2016（08）：43 –55.

［43］ Acharya V. V. , Pedersen L. H.. Asset Pricing with Liquidity Risk ［J］. Journal of Financial Economics, 2005, 77 (02): 375 – 410.

［44］ Adam D. , Clark – Joseph, Mao Ye, Chao Zi. Designated Market Makers Still Matter: Evidence from Two Natural Experiments ［J］. Journal of Financial Economics, 2017, 126 (03): 652 – 667.

［45］ Admati A. R. , Pfleiderer P. A.. Theory of Intraday Patterns: Volume and Price Variability ［J］. The Review of Financial Studies, 1988, 1 (01): 3 – 40.

［46］ Admati A. R. , Pfleiderer P.. Divide and Conquer: A Theory of Intraday and Day – of – the – week Mean Effects ［J］. The Review of Financial Studies, 1989, 2 (02): 189 – 223.

［47］ Amihud Y.. Illiquidity and Stock Returns: Cross – Section and Time – Series Effects ［J］. Journal of Financial Markets, 2002, 5 (01): 31 – 56.

［48］ Amihud Y. , Mendelson H.. Dealership Market: Market – making with Inventory ［J］. Journal of Financial Economics, 1980, 8 (01): 31 – 53.

［49］ Amihud Y. , Mendelson H.. Trading Mechanisms and Stock Returns: An Empirical Investigation ［J］. The Journal of Finance, 1987, 42 (03): 533 – 553.

［50］ Amihud Y. , Mendelson H. , Lauterbach B.. Market Microstructure and Securities Values: Evidence from the Tel Aviv Stock Exchange ［J］. Journal of Financial Economics, 1997, 45 (03): 365 – 390.

［51］ Anand A. , Tanggaard C. , Weaver D. G.. Paying for Market

Quality [J]. Journal of Financial and Quantitative Analysis, 2009, 44 (06): 1427 – 1457.

[52] Anand A., Venkataraman K.. Market Conditions, Fragility, and the Economics of Market Making [J]. Journal of Financial Economics, 2016, 121 (02): 327 – 349.

[53] Ang J. S., Brau J. C.. Firm Transparency and the Costs of Going Public [J]. Journal of Financial Research, 2002, 25 (01): 1 – 17.

[54] Bagehot W.. The Only Game in Town [J]. Financial Analysts Journal, 1971, 27 (02): 12 – 14.

[55] Barney J. B.. Firm Resources and Sustained Competitive Advantage [J]. Journal of Management, 1991 (17): 99 – 120.

[56] Beatty R. P.. Auditor Reputation and the Pricing of Initial Public Offering [J]. The Accounting Review, 1989, 64 (04): 693 – 709.

[57] Beatty R. P., Ritter J. R.. Investment Banking, Reputation, and the Underpricing of Initial Public Offerings [J]. Journal of Financial Economics, 1986, 15 (01 ~ 02): 213 – 232.

[58] Beck T., Levine R., Levkov A.. Big Bad Banks? The Winners and Losers from Bank Deregulation in the United States [J]. The Journal of Finance, 2010, 65 (5): 1637 – 1667.

[59] Bessembinder H., Hao J., Zheng K.. Market Making Contracts Firm Value, and the IPO Decision [J]. Journal of Finance, 2015, 70 (05): 1997 – 2028.

[60] Bhide A.. The Hidden Costs of Stock Market Liquidity [J]. Journal of Financial Economics, 1993, 34 (01): 31 – 51.

［61］ Booth J. R. , Smith Ⅱ R. L. . Capital Raising, Underwriting and the Certification Hypothesis ［J］. Journal of Financial Economics, 1986, 15 (01 ~ 02): 261 − 281.

［62］ Brammer S. J. , Pavelin S. . Corporate Reputation and Social Performance: The Importance of Fit ［J］. Journal of Management Studies, 2006, 43 (03): 435 − 455.

［63］ Buti S. . A Challenger to the Limit Order Book: The Nyse Specialist ［R］. SSRN Working Paper No. 965674, 2007.

［64］ Carter R. B. , Dark F. H. , Singh A. K. . Underwriter Reputation, Initial Returns, and the Long − run Performance of IPO Stocks ［J］. The Journal of Finance, 1998, 53 (01): 285 − 311.

［65］ Carter R. , Manaster S. . Initial Public Offerings and Underwriter Reputation ［J］. The Journal of Finance, 1990, 45 (04): 1045 − 1067.

［66］ Chemmanur T. J. , Fulghieri P. . Investment Bank Reputation, Information Production, and Financial Intermediation ［J］. The Journal of Finance, 1994, 49 (01): 57 − 79.

［67］ Chordia T. , Roll R. , Subrahmanyam A. . Market Liquidity and Trading Activity ［J］. The Journal of Finance, 2001, 56 (02): 501 − 530.

［68］ Chowdhry B. , Nanda V. . Multimarket Trading and Market Liquidity ［J］. The Review of Financial Studies, 1991, 4 (03): 483 − 511.

［69］ Christie W. G. , Huang R. D. . Market Structures and Liquidity: A Transactions Data Study of Exchange Listings ［J］. Journal of Financial Intermediation, 1994, 3 (03): 300 − 326.

［70］ Christie W. G. ， Schultz P. H. . Why Do NASDAQ Market Makers Avoid Odd – eighth Quotes? ［J］ . The Journal of Finance， 1994， 49（05）：1813 – 1840.

［71］ Chung K. H. ， Chuwonganant C. . Exit， Survival， and Competitive Equilibrium in Dealer Markets ［J］ . Financial Review， 2014， 49（03）：435 – 460.

［72］ Copeland T. E. ， Galai D. . Information Effects on the Bid – ask Spread ［J］ . The Journal of Finance， 1983， 38（05）：1457 – 1469.

［73］ Cohen K. J. ， Maier S. F. ， Schwartz R. A. ， Whitcomb D. . Transaction Costs， Order Placement Strategy， and Existence of the Bid – ask Spread ［J］ . Journal of Political Economy， 1981， 89（02）：287 – 305.

［74］ Corwin S. A. ， Schultz P. . A Simple Way to Estimate Bid – ask Spreads from Daily High and Low Prices ［J］ . The Journal of Finance， 2012， 67（02）：719 – 760.

［75］ Demsetz H. . The Cost of Transacting ［J］ . Quarterly Journal of Economics， 1968， 82（01）：33 – 53.

［76］ Dierickx I. ， Cool K. . Asset Stock Accumulation and Sustainability of Competitive Advantage ［J］ . Management Science， 1989， 35（12）：1504 – 1511.

［77］ Dong M. ， Michel J. S. ， Pandes J. A. . Underwriter Quality and Long – run IPO Performance ［J］ . Financial Management， 2011， 40（01）：219 – 251.

［78］ Easley D. ， O' Hara M. . Price， Trade Size， and Information in Securities Markets ［J］ . Journal of Financial Economics， 1987， 19（01）：69 – 90.

［79］ Egginton J. . The Declining Role of NASDAQ Market Makers ［J］. Financial Review, 2014, 49（03）：461 – 480.

［80］ Fama E. F. . Agency Problems and the Theory of the Firm ［J］. Journal of Political Economy, 1980, 88（02）：288 – 309.

［81］ Fang L. H. . Investment Bank Reputation and the Price and Quality of Underwriting Services ［J］. The Journal of Finance, 2005, 60（06）：2729 – 2761.

［82］ Fernando C. S. , Gatchev V. A. , Spindt P. A. . Wanna Dance? How Firms and Underwriters Choose Each Other ［J］. The Journal of Finance, 2005, 60（05）：2437 – 2469.

［83］ Fishe R. P. H. , Robe M. A. . The Impact of Illegal Insider Trading in Dealer and Specialist Markets：Evidence from A Natural Experiment ［J］. Journal of Financial Economics, 2004, 71（03）：461 – 488.

［84］ Fombrun C. . Reputation：Realizing Value from the Corporate Image ［M］. Boston：Harvard Business School Press, 1996.

［85］ Foster F. D. , Viswanathan S. . A Theory of the Interday Variations in Volume, Variance, and Trading Costs in Securities Markets ［J］. The Review of Financial Studies, 1990, 3（04）：593 – 624.

［86］ Foster F. D. , Viswanathan S. . Variations in Trading Volume, Return Volatility, and Trading Costs：Evidence on Recent Price Formation Models ［J］. The Journal of Finance, 1993, 48（01）：187 – 211.

［87］ Galbraith J. R. . Organizing to Deliver Solutions ［J］. Organizational Dynamics, 2002, 31（02）：194 – 207.

［88］ Garfinkel J. A. , Nimalendran M. . Market Structure and Trader Anonymity：An Analysis of Insider Trading ［J］. Journal of Financial and Quantitative Analysis, 2003, 38 (03): 591 – 610.

[89] Garman M. B.. Market Microstructure [J] . Journal of Financial Economics, 1976, 3 (03): 257 – 275.

[90] Glosten L. R.. Insider Trading, Liquidity, and the Role of the Monopolist Specialist [J] . Journal of Business, 1989, 62 (02): 211 – 235.

[91] Glosten L. R. , Milgrom P. R.. Bid, Ask and Transaction Prices in A Specialist Market with Heterogeneously Informed Traders [J]. Journal of Financial Economics, 1985 (14): 71 – 100.

[92] Godek P. E.. Why NASDAQ Market Makers Avoid Odd – eighth Quotes [J] . Journal of Financial Economics, 1996, 41 (03): 465 – 474.

[93] Goldstein M. A. , Nelling E. F.. Market Making and Trading in NASDAQ Stocks [J] . Financial Review, 1999, 34 (01): 27 – 44.

[94] Grant R. M.. The Resource – based Theory of Competitive Advantage: Implications for Strategy Formulation [J] . California Management Review, 1991, 33 (03): 114 – 135.

[95] Grossman S. J. , Miller M. H.. Liquidity and Market Structure [J] . The Journal of Finance, 1988, 43 (03): 617 – 633.

[96] Hasbrouck J. , Sofianos G.. The Trades of Market Makers: An Empirical Analysis of NYSE Specialists [J] . The Journal of Finance, 1993, 48 (05): 1565 – 1593.

[97] Heckman J. J. , Ichimura H. , Todd P. E.. Matching As An Econometric Evaluation Estimator: Evidence from Evaluating A Job Training Programme [J] . The Review of Economic Studies, 1997, 64 (04): 605 – 654.

［98］ Heckman J. J. , Ichimura H. , Todd P. . Matching As An E-conometric Evaluation Estimator ［J］. The Review of Economic Studies, 1998, 65 (02): 261 – 294.

［99］ Heidle H. G. , Huang R. D. . Information – based Trading in Dealer and Auction Markets: An Analysis of Exchange Listings ［J］. Journal of Financial and Quantitative Analysis, 2002, 37 (03): 391 – 424.

［100］ Heflin F. , Shaw K. W. . Blockholder Ownership and Market Liquidity ［J］. Journal of Financial and Quantitative Analysis, 2000, 35 (04): 621 – 633.

［101］ Ho T. , Stoll H. R. . Optimal Dealer Pricing Under Transactions and Return Uncertainty ［J］. Journal of Financial Economics, 1981, 9 (01): 47 – 73.

［102］ Ho T. , Stoll H. R. . The Dynamics of Dealer Markets Under Competition ［J］. The Journal of Finance, 1983, 38 (04): 1053 – 1074.

［103］ Holden C. W. , Subrahmanyam A. . Long – lived Private Information and Imperfect Competition ［J］. The Journal of Finance, 1992, 47 (01): 247 – 270.

［104］ Holmstrom B. . Moral Hazard in Teams ［J］. Bell Journal of Economics, 1982, 13 (02): 324 – 340.

［105］ Hurley P. J. , Mayhew B. W. . Market Reactions to A High – quality Auditor and Managerial Preference for Audit Quality ［J］. AUDITING: A Journal of Practice and Theory, 2019.

［106］ Jain P. K. . Institutional Design and Liquidity at Stock Exchanges Around the World ［R］. SSRN Working Paper No. 869253, 2003.

［107］ Kamara A. , Lou X. , Sadka R. . The Divergence of Liquidity Commonality in the Cross – section of Stocks ［J］. Journal of Financial Economics, 2008, 89 （03）: 444 – 466.

［108］ Kanagaretnam K. , Lim C. Y. , Lobo G. J. . Auditor Reputation and Earnings Management: International Evidence from the Banking Industry ［J］. Journal of Banking and Finance, 2010, 34 （10）: 2318 – 2327.

［109］ Kedia S. , Zhou X. . Local Market Makers, Liquidity and Market Quality ［J］. Journal of Financial Markets, 2011, 14 （04）: 540 – 567.

［110］ Kreps D. M. , Wilson R. . Reputation and Imperfect Information ［J］. Journal of Economic Theory, 1982, 27 （02）: 253 – 279.

［111］ Krishnan C. N. V. , Ivanov V. I. , Masulis R. W. , Singh A. . Venture Capital Reputation, Post – IPO Performance, and Corporate Governance ［J］. Journal of Financial and Quantitative Analysis, 2011, 46 （05）: 1295 – 1333.

［112］ Krigman L. , Shaw W. H. , Womack K. L. . Why Do Firms Switch Underwriters? ［J］. Journal of Financial Economics, 2001, 60 （02 ~ 03）: 245 – 284.

［113］ Kyle A. S. . Market Structure, Information, Futures Markets, and Price Formation ［M］//International Agricultural Trade: Advanced Readings in Price Formation, Market Structure, and Price Instability. Boulder and London: Westview Press, 1984: 45 – 64.

［114］ Kyle A. S. . Continuous Auctions and Insider Trading ［J］. Econometrica: Journal of the Econometric Society, 1985 （53）: 1315 – 1335.

［115］ Lai C. S. , Chiu C. J. , Yang C. F. , Pai D. C. . The Effects of Corporate Social Responsibility on Brand Performance：The Mediating Effect of Industrial Brand Equity and Corporate Reputation ［J］ . Journal of Business Ethics，2010，95（03）：457 −469.

［116］ Lesmond D. A. , Ogden J. P. , Trzcinka C. A. . A New Estimate of Transaction Costs ［J］ . The Review of Financial Studies，1999，12（05）：1113 −1141.

［117］ Li B. , Ma C. . Can Audit Fees Inhibit Accounting Misstatements? Moderating Effects of Auditor Reputation from Chinese Experience ［J］ . Asia − Pacific Journal of Accounting and Economics，2018（06）：1 −20.

［118］ Logue D. E. . On the Pricing of Unseasoned Equity Issues：1965 ~ 1969 ［J］ . Journal of Financial and Quantitative Analysis，1973，8（01）：91 −103.

［119］ Madhavan A. . Trading Mechanisms in Securities Markets ［J］. The Journal of Finance，1992，47（02）：607 −641.

［120］ Maksimovic V. , Unal H. . Issue Size Choice and " Underpricing" in Thrift Mutual − to − stock Conversions ［J］ . The Journal of Finance，1993，48（05）：1659 −1692.

［121］ Maug E. . Large Shareholders As Monitors：Is There A Trade − off Between Liquidity and Control? ［J］ . The Journal of Finance，1998，53（01）：65 −98.

［122］ Megginson W. L. , Weiss K. A. . Venture Capitalist Certification in Initial Public Offerings ［J］ . The Journal of Finance，1991，46（03）：879 −903.

［123］ Menkveld A. J. , Wang T. . How Do Designated Market Makers Create Value for Small – caps？ ［J］．Journal of Financial Markets，2013，16（03）：571 –603.

［124］ Menon K. ，Williams D. D. . Auditor Credibility and Initial Public Offerings ［J］．The Accounting Review，1991，66（02）：313 –332.

［125］ Merton R. C. . A Simple Model of Capital Market Equilibrium with Incomplete Information ［J］．The Journal of Finance，1987，42（03）：483 –510.

［126］ Nahata R. . Venture Capital Reputation and Investment Performance ［J］．Journal of Financial Economics，2008，90（02）：127 –151.

［127］ O'Hara M. . Market Microstructure Theory ［M］．Oxford：Blackwell Publishing Ltd，1995.

［128］ Pagano M. . Trading Volume and Asset Liquidity ［J］．The Quarterly Journal of Economics，1989，104（02）：255 –274.

［129］ Pagano M. ，Roell A. . Auction and Dealership Markets：What is the Difference？ ［J］．European Economic Review，1992，36（02 ~03）：613 –623.

［130］ Pagano M. ，Roell A. . Transparency and Liquidity：A Comparison of Auction and Dealer Markets with Informed Trading ［J］．The Journal of Finance，1996，51（02）：579 –611.

［131］ Podolny J. M. ，Phillips D. J. . The Dynamics of Organizational Status ［J］．Industrial and Corporate Change，1996，5（02）：453 –471.

［132］ Ramirez G. G. ，Yung K. K. ，Tin J. . Firm Reputation and Insider Trading：The Investment Banking Industry ［J］．Quarterly Journal of Business and Economics, 2000, 39 (03): 49 – 67.

[133] Roberts P. W. , Dowling G. R. . Corporate Reputation and Sustained Superior Financial Performance [J] . Strategic Management Journal, 2002, 23 (12): 1077 – 1093.

[134] Rumelt R. P. . Theory, Strategy, and Entrepreneurship [M] // Alvarez S. A. , Agarwal R. , Sorenson O. . Handbook of Entrepreneurship Research. International Handbook Series on Entrepreneurship, Vol 2. Berlin: Springer, 2005.

[135] Schultz P. . Pseudo Market Timing and the Long – run Under-performance of IPOs [J] . The Journal of Finance, 2003, 58 (02): 483 – 517.

[136] Selten R. . The Chain Store Paradox [J] . Theory and Decision, 1978, 9 (02): 127 – 159.

[137] Seppi D. J. . Equilibrium Block Trading and Asymmetric Information [J] . The Journal of Finance, 1990, 45 (01): 73 – 94.

[138] Sias R. W. . Institutional Herding [J] . Review of Financial Studies, 2004, 17 (01): 165 – 206.

[139] Skinner D. J. , Srinivasan S. . Audit Quality and Auditor Reputation: Evidence from Japan [J] . The Accounting Review, 2012, 87 (05): 1737 – 1765.

[140] Skjeltorp J. A. , Odegaard B. A. . When Do Listed Firms Pay for Market Making in Their Own Stock? [J] . Financial Management, 2015, 44 (02): 241 – 266.

[141] Spiegel M. , Subrahmanyam A. . Informed Speculation and Hedging in A Noncompetitive Securities Market [J] . The Review of Financial Studies, 1992, 5 (02): 307 – 329.

［142］ Stickel S. E.. Reputation and Performance Among Security Analysts ［J］. The Journal of Finance，1992，47（05）：1811 – 1836.

［143］ Stoll H. R.. The Supply of Dealer Services in Securities Markets ［J］. The Journal of Finance，1978，33（04）：1133 – 1151.

［144］ Stoll H. R.. Market Microstructure ［J］. Handbook of the Economics of Finance，2003（01）：553 – 604.

［145］ Stoll H. R.. Inferring the Components of the Bid – ask Spread：Theory and Empirical Tests ［J］. The Journal of Finance，1989，44（01）：115 – 134.

［146］ Subrahmanyam A.. Risk Aversion，Market Liquidity，and Price Efficiency ［J］. The Review of Financial Studies，1991，4（03）：417 – 441.

［147］ Tadelis S.. What's in A Name？Reputation As A Tradeable Asset ［J］. American Economic Review，1999，89（03）：548 – 563.

［148］ Theissen E.. Market Structure，Informational Efficiency and Liquidity：An Experimental Comparison of Auction and Dealer Markets ［J］. Journal of Financial Markets，2000，3（04）：333 – 363.

［149］ Theissen E.，Voigt C.，Westheide C.. Designated Market Makers in Electronic Limit Order Books – A Closer Look ［R］. SSRN Working Paper No. 2154699，2013.

［150］ Titman S.，Trueman B.. Information Quality and the Valuation of New Issues ［J］. Journal of Accounting and Economics，1986，8（02）：159 – 172.

［151］ Venkataraman K.，Waisburd A. C.. The Value of the Designated Market Maker ［J］. Journal of Financial and Quantitative Analysis，2007，42（03）：735 – 758.

［152］ Wahal S. . Entry, Exit, Market Makers, and the Bid－ask Spread ［J］. Review of Financial Studies, 1997, 10 （03）: 871－901.

［153］ Weigelt K. , Camerer C. . Reputation and Corporate Strategy: A Review of Recent Theory and Applications ［J］. Strategic Management Journal, 1988, 9 （05）: 443－454.

［154］ Weston J. . Competition on the NASDAQ and the Impact of Recent Market Reforms ［J］. The Journal of Finance, 2000, 55 （06）: 2565－2598.

附　录

附表 1　主办券商总资产与流动性：基本回归分析

变量	(1) Amihud	(2) Lnturnover	(3) Lnvol	(4) Lndvol	(5) HL_no	(6) HL_before	(7) Zeros_ impact	(8) Zeros
Sponsor_asset	-0.002 (-0.956)	-0.000 (-0.309)	0.002 (0.107)	0.010 (0.468)	-0.000 (-0.196)	-0.001 (-0.799)	-0.002 (-0.114)	0.002 (0.631)
Roe	-0.000** (-2.167)	0.000* (1.933)	0.002 (1.396)	0.002 (1.620)	0.000 (1.457)	0.000** (2.041)	-0.003** (-2.190)	-0.000*** (-3.385)
Size	-0.044*** (-9.409)	0.002*** (9.646)	0.437*** (10.898)	0.490*** (12.275)	-0.002 (-1.435)	-0.004*** (-2.985)	-0.233*** (-5.567)	0.002 (0.476)
Growth	-0.000*** (-4.184)	0.000*** (3.801)	0.001*** (3.587)	0.001*** (4.040)	0.000 (0.560)	0.000 (0.335)	-0.001*** (-3.068)	0.000 (0.994)
Level	0.001*** (3.047)	-0.000*** (-2.744)	-0.006*** (-3.775)	-0.007*** (-4.400)	0.000 (0.267)	0.000 (1.533)	0.004*** (3.126)	-0.000 (-1.490)
Top1	0.000** (2.555)	-0.000*** (-3.899)	-0.009*** (-5.291)	-0.009*** (-5.370)	0.000*** (3.819)	0.000*** (4.652)	0.002 (1.542)	-0.001*** (-6.056)
Numdirector	-0.001 (-0.557)	-0.000*** (-2.927)	-0.027 (-1.104)	-0.020 (-0.812)	-0.002* (-1.880)	-0.002** (-2.215)	0.025 (1.295)	0.001 (0.222)
Executive	0.004 (0.118)	-0.003** (-2.102)	-0.820** (-2.288)	-0.866** (-2.398)	0.030** (2.488)	0.033*** (2.590)	0.401 (1.507)	-0.000 (-0.004)
Plurm	-0.006 (-1.100)	0.000 (1.443)	0.080 (1.574)	0.066 (1.309)	0.002 (1.457)	0.001 (0.850)	-0.088* (-1.739)	0.003 (0.461)
Cir_stock	0.007* (1.679)	-0.003*** (-15.500)	0.244*** (6.424)	0.180*** (4.770)	0.005*** (4.385)	0.007*** (6.577)	-0.119*** (-2.908)	-0.013*** (-2.734)

变量	(1) Amihud	(2) Lnturnover	(3) Lnvol	(4) Lndvol	(5) HL_no	(6) HL_before	(7) Zeros_impact	(8) Zeros
Num_sholder	0.023***	−0.002***	−0.572***	−0.574***	0.014***	0.018***	−0.007	−0.083***
	(7.133)	(−12.901)	(−17.867)	(−18.205)	(10.983)	(13.920)	(−0.228)	(−18.822)
$Stkret^2$	0.695***	0.013***	1.896***	0.498***	0.045***	0.123***	−1.385***	−0.204***
	(25.089)	(18.663)	(16.352)	(4.512)	(5.935)	(16.389)	(−12.395)	(−12.564)
Lnprice	−0.035***	−0.003***	−0.720***	0.189***	0.008***	0.011***	0.431***	−0.035***
	(−10.743)	(−22.817)	(−26.940)	(7.178)	(9.695)	(12.703)	(15.595)	(−11.391)
Constant	0.792***	0.042***	3.146***	3.231***	−0.127***	−0.142***	6.175***	1.375***
	(9.601)	(11.209)	(3.874)	(3.991)	(−4.032)	(−4.331)	(8.493)	(11.861)
Observations	22,423	24,283	24,283	24,283	24,281	24,281	24,283	24,283
R−squared	0.163	0.187	0.191	0.138	0.088	0.201	0.052	0.249
Industry effects	YES	YES	YES	YES	YES	YES	YES	YES
Time effects	YES	YES	YES	YES	YES	YES	YES	YES
Firm clusters	YES	YES	YES	YES	YES	YES	YES	YES

附表2　主办券商督导企业数量与流动性：基本回归分析

变量	(1) Amihud	(2) Lnturnover	(3) Lnvol	(4) Lndvol	(5) HL_no	(6) HL_before	(7) Zeros_impact	(8) Zeros
Sponsor_number	−0.001	0.000	−0.006	0.006	0.000	−0.000	0.001	−0.003
	(−0.423)	(0.075)	(−0.214)	(0.224)	(0.011)	(−0.411)	(0.021)	(−0.812)
Roe	−0.000**	0.000*	0.002	0.002	0.000	0.000**	−0.003**	−0.000***
	(−2.178)	(1.921)	(1.406)	(1.626)	(1.456)	(2.038)	(−2.191)	(−3.344)
Size	−0.044***	0.002***	0.437***	0.490***	−0.002	−0.004***	−0.233***	0.003
	(−9.423)	(9.647)	(10.900)	(12.289)	(−1.443)	(−3.011)	(−5.555)	(0.486)
Growth	−0.000***	0.000***	0.001***	0.001***	0.000	0.000	−0.001***	0.000
	(−4.185)	(3.800)	(3.588)	(4.040)	(0.560)	(0.339)	(−3.067)	(1.001)
Level	0.001***	−0.000***	−0.006***	−0.007***	0.000	0.000	0.004***	−0.000
	(3.041)	(−2.750)	(−3.769)	(−4.397)	(0.265)	(1.535)	(3.122)	(−1.472)
Top1	0.000**	−0.000***	−0.009***	−0.009***	0.000***	0.000***	0.003	−0.001***
	(2.577)	(−3.893)	(−5.292)	(−5.376)	(3.826)	(4.667)	(1.543)	(−6.084)

续表

变量	(1) Amihud	(2) Lnturnover	(3) Lnvol	(4) Lndvol	(5) HL_no	(6) HL_before	(7) Zeros_ impact	(8) Zeros
Numdirector	−0.001	−0.000 ***	−0.027	−0.020	−0.002 *	−0.002 **	0.025	0.001
	(−0.559)	(−2.929)	(−1.102)	(−0.811)	(−1.881)	(−2.214)	(1.294)	(0.228)
Executive	0.004	−0.003 **	−0.818 **	−0.865 **	0.030 **	0.033 ***	0.400	0.001
	(0.113)	(−2.109)	(−2.279)	(−2.396)	(2.485)	(2.587)	(1.505)	(0.024)
Plurm	−0.006	0.000	0.080	0.066	0.002	0.001	−0.088 *	0.003
	(−1.106)	(1.437)	(1.579)	(1.312)	(1.453)	(0.845)	(−1.741)	(0.482)
Cir_stock	0.007 *	−0.003 ***	0.244 ***	0.180 ***	0.005 ***	0.007 ***	−0.119 ***	−0.013 ***
	(1.668)	(−15.512)	(6.431)	(4.776)	(4.379)	(6.569)	(−2.911)	(−2.711)
Num_sholder	0.023 ***	−0.002 ***	−0.573 ***	−0.574 ***	0.014 ***	0.018 ***	−0.006	−0.083 ***
	(7.170)	(−12.883)	(−17.903)	(−18.248)	(10.979)	(13.926)	(−0.223)	(−18.899)
Stkret^2	0.695 ***	0.013 ***	1.895 ***	0.498 ***	0.045 ***	0.123 ***	−1.385 ***	−0.204 ***
	(25.082)	(18.672)	(16.346)	(4.507)	(5.937)	(16.397)	(−12.393)	(−12.586)
Lnprice	−0.035 ***	−0.003 ***	−0.720 ***	0.189 ***	0.008 ***	0.011 ***	0.431 ***	−0.035 ***
	(−10.750)	(−22.818)	(−26.956)	(7.183)	(9.697)	(12.701)	(15.600)	(−11.407)
Constant	0.771 ***	0.042 ***	3.183 ***	3.320 ***	−0.128 ***	−0.147 ***	6.149 ***	1.399 ***
	(9.809)	(11.586)	(4.050)	(4.241)	(−4.228)	(−4.677)	(8.814)	(12.469)
Observations	22,423	24,283	24,283	24,283	24,281	24,281	24,283	24,283
R − squared	0.163	0.187	0.191	0.138	0.088	0.201	0.052	0.249
Industry effects	YES	YES	YES	YES	YES	YES	YES	YES
Time effects	YES	YES	YES	YES	YES	YES	YES	YES
Firm clusters	YES	YES	YES	YES	YES	YES	YES	YES

附表 3 主办券商总资产与流动性：多期 DID 模型

变量	(1) Amihud	(2) Lnturnover	(3) Lnvol	(4) Lndvol	(5) HL_no	(6) HL_before	(7) Zeros_ impact	(8) Zeros
TP	−0.074 **	−0.004	−1.525 **	−1.355 **	−0.029 *	−0.026	0.125	−0.143 *
	(−1.984)	(−1.251)	(−2.309)	(−2.035)	(−1.793)	(−1.335)	(0.187)	(−1.796)
TP × Sponsor_ asset	0.005 *	−0.000	−0.013	−0.015	0.001	0.001	0.015	−0.004
	(1.689)	(−0.670)	(−0.269)	(−0.301)	(0.684)	(0.605)	(0.311)	(−0.625)

续表

变量	(1) Amihud	(2) Lnturnover	(3) Lnvol	(4) Lndvol	(5) HL_no	(6) HL_before	(7) Zeros_impact	(8) Zeros
Sponsor_asset	-0.004	0.000	-0.001	0.000	-0.001	-0.001	-0.000	0.004
	(-1.524)	(0.075)	(-0.010)	(0.006)	(-0.517)	(-0.575)	(-0.009)	(0.720)
Roe	-0.000***	0.000***	0.008***	0.009***	-0.000	-0.000	-0.008***	-0.001***
	(-5.977)	(5.738)	(4.817)	(5.139)	(-0.520)	(-0.734)	(-3.881)	(-2.901)
Size	-0.014***	0.001***	0.232***	0.259***	0.000	-0.001***	-0.180***	0.012*
	(-6.776)	(2.590)	(5.366)	(5.848)	(0.855)	(-2.698)	(-3.755)	(1.801)
Growth	-0.000	0.000***	0.001***	0.001***	0.000	0.000**	-0.001***	-0.000***
	(-1.061)	(5.802)	(4.864)	(5.030)	(1.631)	(2.040)	(-4.271)	(-4.441)
Level	0.000***	-0.000	-0.003*	-0.003**	-0.000	0.000*	0.001	-0.000*
	(2.675)	(-0.320)	(-1.891)	(-2.020)	(-0.473)	(1.875)	(0.752)	(-1.689)
Top1	0.000	0.000	-0.002	-0.002	0.000	0.000	-0.001	-0.001***
	(0.267)	(0.128)	(-1.052)	(-1.233)	(1.079)	(1.561)	(-0.761)	(-3.379)
Numdirector	-0.001	-0.000	-0.000	0.001	-0.000	-0.000*	0.011	0.003
	(-1.257)	(-0.704)	(-0.003)	(0.053)	(-0.759)	(-1.907)	(0.555)	(1.010)
Executive	-0.008	-0.001	-0.364*	-0.381*	0.003	0.004	0.244	-0.002
	(-1.054)	(-1.127)	(-1.703)	(-1.751)	(1.158)	(1.617)	(1.193)	(-0.055)
Plurm	-0.006***	0.001***	0.116***	0.116***	0.000	0.000	-0.074	-0.011
	(-3.116)	(2.597)	(2.645)	(2.637)	(0.287)	(0.212)	(-1.498)	(-1.522)
Cir_stock	-0.004**	-0.002***	0.255***	0.231***	0.001**	0.002***	-0.044	-0.035***
	(-2.475)	(-8.262)	(6.407)	(5.735)	(1.980)	(5.066)	(-0.956)	(-5.465)
Num_sholder	-0.017***	0.003***	0.476***	0.457***	0.003***	0.005***	-0.734***	-0.170***
	(-11.992)	(14.412)	(13.508)	(12.812)	(6.547)	(9.550)	(-20.857)	(-33.876)
$Stkret^2$	0.422***	0.028***	4.017***	2.020***	0.020*	0.166***	-2.038***	-0.170***
	(18.860)	(14.196)	(12.595)	(6.144)	(1.702)	(16.810)	(-7.620)	(-4.044)
Lnprice	-0.032***	-0.001***	-0.295***	0.660***	0.001	0.002***	0.259***	-0.036***
	(-21.605)	(-3.149)	(-9.047)	(19.638)	(1.392)	(4.707)	(7.102)	(-7.287)
Constant	0.641***	0.019***	0.519	0.517	-0.025	-0.020	7.879***	1.951***
	(13.804)	(4.035)	(0.564)	(0.558)	(-1.454)	(-1.042)	(8.504)	(15.399)

续表

变量	(1) Amihud	(2) Lnturnover	(3) Lnvol	(4) Lndvol	(5) HL_no	(6) HL_before	(7) Zeros_impact	(8) Zeros
Observations	21,815	22,048	22,048	22,048	22,048	22,048	22,048	22,048
R-squared	0.319	0.293	0.367	0.441	0.073	0.297	0.183	0.403
Industry effects	YES	YES	YES	YES	YES	YES	YES	YES
Time effects	YES	YES	YES	YES	YES	YES	YES	YES
Firm clusters	YES	YES	YES	YES	YES	YES	YES	YES

附表4　主办券商督导企业数量与流动性：多期 DID 模型

变量	(1) Amihud	(2) Lnturnover	(3) Lnvol	(4) Lndvol	(5) HL_no	(6) HL_before	(7) Zeros_impact	(8) Zeros
TP	-0.037***	-0.004***	-1.366***	-1.179***	-0.023***	-0.019***	0.072	-0.172***
	(-2.685)	(-3.510)	(-5.602)	(-4.768)	(-4.030)	(-2.821)	(0.274)	(-5.750)
TP×Sponsor_number	0.007*	-0.001*	-0.096	-0.108	0.001	0.001	0.074	-0.006
	(1.935)	(-1.764)	(-1.405)	(-1.560)	(0.917)	(0.729)	(1.056)	(-0.733)
Sponsor_number	-0.006*	0.000	0.064	0.073	-0.001	-0.001	-0.062	0.006
	(-1.688)	(1.009)	(0.977)	(1.094)	(-0.672)	(-0.589)	(-0.936)	(0.728)
Roe	-0.000***	0.000***	0.008***	0.009***	-0.000	-0.000	-0.008***	-0.001***
	(-5.953)	(5.744)	(4.813)	(5.133)	(-0.503)	(-0.692)	(-3.908)	(-2.916)
Size	-0.014***	0.001**	0.229***	0.256***	0.000	-0.001***	-0.178***	0.012*
	(-6.781)	(2.539)	(5.305)	(5.781)	(0.867)	(-2.663)	(-3.727)	(1.799)
Growth	-0.000	0.000***	0.001***	0.001***	0.000	0.000**	-0.001***	-0.000***
	(-1.042)	(5.784)	(4.847)	(5.012)	(1.643)	(2.042)	(-4.252)	(-4.449)
Level	0.000***	-0.000	-0.003*	-0.003**	-0.000	0.000*	0.001	-0.000*
	(2.638)	(-0.267)	(-1.841)	(-1.968)	(-0.510)	(1.852)	(0.731)	(-1.687)
Top1	0.000	0.000	-0.002	-0.002	0.000	0.000	-0.001	-0.001***
	(0.277)	(0.123)	(-1.046)	(-1.226)	(1.086)	(1.542)	(-0.743)	(-3.382)
Numdirector	-0.001	-0.000	-0.000	0.001	-0.000	-0.000*	0.011	0.003
	(-1.240)	(-0.708)	(-0.003)	(0.054)	(-0.750)	(-1.904)	(0.562)	(1.008)
Executive	-0.008	-0.001	-0.358*	-0.374*	0.003	0.004	0.244	-0.002
	(-1.041)	(-1.099)	(-1.675)	(-1.720)	(1.152)	(1.620)	(1.196)	(-0.056)

变量	(1) Amihud	(2) Lnturnover	(3) Lnvol	(4) Lndvol	(5) HL_no	(6) HL_before	(7) Zeros_impact	(8) Zeros
Plurm	−0.006 ***	0.001 ***	0.116 ***	0.117 ***	0.000	0.000	−0.073	−0.011
	(−3.123)	(2.618)	(2.663)	(2.657)	(0.272)	(0.196)	(−1.495)	(−1.521)
Cir_stock	−0.004 **	−0.002 ***	0.257 ***	0.233 ***	0.001 **	0.002 ***	−0.044	−0.035 ***
	(−2.517)	(−8.245)	(6.444)	(5.778)	(1.968)	(5.064)	(−0.966)	(−5.444)
Num_sholder	−0.017 ***	0.003 ***	0.475 ***	0.457 ***	0.003 ***	0.005 ***	−0.734 ***	−0.170 ***
	(−11.940)	(14.370)	(13.470)	(12.772)	(6.523)	(9.466)	(−20.830)	(−33.891)
Stkret^2	0.422 ***	0.028 ***	3.991 ***	1.991 ***	0.020 *	0.166 ***	−2.014 ***	−0.169 ***
	(18.856)	(14.155)	(12.530)	(6.062)	(1.701)	(16.836)	(−7.538)	(−4.049)
Lnprice	−0.032 ***	−0.001 ***	−0.295 ***	0.660 ***	0.001	0.002 ***	0.260 ***	−0.036 ***
	(−21.582)	(−3.155)	(−9.035)	(19.631)	(1.401)	(4.688)	(7.134)	(−7.291)
Constant	0.606 ***	0.018 ***	0.347	0.333	−0.030 ***	−0.027 ***	8.024 ***	1.986 ***
	(18.707)	(4.930)	(0.482)	(0.460)	(−3.243)	(−3.019)	(10.909)	(18.664)
Observations	21, 815	22, 048	22, 048	22, 048	22, 048	22, 048	22, 048	22, 048
R − squared	0.319	0.293	0.368	0.441	0.073	0.297	0.183	0.403
Industry effects	YES	YES	YES	YES	YES	YES	YES	YES
Time effects	YES	YES	YES	YES	YES	YES	YES	YES
Firm clusters	YES	YES	YES	YES	YES	YES	YES	YES

附表5　做市商总资产与股票流动性：基本回归分析

变量	(1) Amihud	(2) Lnturnover	(3) Lnvol	(4) Lndvol	(5) HL_no	(6) HL_before	(7) Zeros_impact	(8) Zeros
Mm_asset	−0.000	0.000 ***	0.012 **	0.012 ***	−0.000	−0.000	0.001	−0.001
	(−1.303)	(2.935)	(2.493)	(2.587)	(−0.456)	(−0.318)	(0.176)	(−0.810)
Roe	−0.000 ***	0.000 ***	0.004 ***	0.004 ***	−0.000	−0.000	−0.006 ***	−0.001 ***
	(−4.814)	(3.481)	(2.618)	(2.772)	(−0.583)	(−0.271)	(−3.308)	(−3.104)
Size	−0.006 ***	0.000	0.155 ***	0.158 ***	0.001 ***	−0.000 **	−0.133 ***	0.006
	(−4.323)	(1.450)	(4.416)	(4.483)	(3.387)	(−2.024)	(−3.300)	(0.816)
Growth	−0.000	0.000 ***	0.001 ***	0.001 ***	0.000 ***	0.000 ***	−0.001 ***	−0.000 ***
	(−0.932)	(6.142)	(5.336)	(5.389)	(3.254)	(3.902)	(−3.511)	(−3.077)

续表

变量	(1) Amihud	(2) Lnturnover	(3) Lnvol	(4) Lndvol	(5) HL_no	(6) HL_before	(7) Zeros_ impact	(8) Zeros
Level	0.000***	−0.000	−0.003**	−0.002*	−0.000*	0.000	0.004**	0.000
	(3.138)	(−0.283)	(−2.021)	(−1.685)	(−1.649)	(1.227)	(2.346)	(0.527)
Top1	0.000	−0.000	−0.002*	−0.002*	0.000	0.000	−0.001	−0.001***
	(0.834)	(−1.328)	(−1.800)	(−1.837)	(0.059)	(0.705)	(−0.698)	(−2.788)
Numdirector	−0.000	−0.000	−0.015	−0.012	0.000	−0.000	−0.003	0.001
	(−0.498)	(−1.165)	(−0.889)	(−0.707)	(0.901)	(−0.515)	(−0.175)	(0.437)
Executive	−0.015***	0.001	0.041	0.022	0.002*	0.001	−0.239	−0.001
	(−2.638)	(0.851)	(0.237)	(0.129)	(1.820)	(1.554)	(−1.347)	(−0.044)
Plurm	−0.002	0.000**	0.093**	0.092**	0.000	0.000***	−0.070*	−0.014**
	(−1.470)	(2.093)	(2.390)	(2.387)	(1.470)	(2.936)	(−1.773)	(−2.163)
Cir_stock	−0.006***	−0.002***	0.293***	0.285***	−0.000	0.000**	−0.053	−0.022***
	(−5.803)	(−7.690)	(7.850)	(7.666)	(−0.526)	(2.552)	(−1.536)	(−3.927)
Num_sholder	−0.020***	0.004	0.838***	0.838***	0.000**	0.001***	−0.680***	−0.167***
	(−20.463)	(27.249)	(33.014)	(31.642)	(2.105)	(10.796)	(−20.915)	(−32.832)
Stkret^2	0.938***	0.182***	35.155***	30.013***	−0.988***	0.119***	−19.379***	−0.010
	(14.980)	(18.052)	(20.959)	(19.143)	(−26.703)	(10.720)	(−12.838)	(−0.030)
Lnprice	−0.031***	0.000	−0.126***	0.871***	−0.000**	−0.001***	0.174***	−0.032***
	(−28.601)	(0.922)	(−4.257)	(29.558)	(−2.465)	(−4.785)	(5.491)	(−6.315)
Constant	0.455***	0.012***	−2.131***	−2.070***	−0.015***	0.001	7.313***	1.578***
	(17.193)	(2.859)	(−3.371)	(−3.305)	(−5.173)	(0.298)	(10.902)	(13.893)
Observations	155,707	155,888	155,888	155,888	155,888	155,888	155,888	155,888
R−squared	0.493	0.397	0.566	0.626	0.287	0.168	0.244	0.484
Industry effects	YES	YES	YES	YES	YES	YES	YES	YES
Time effects	YES	YES	YES	YES	YES	YES	YES	YES
Firm clusters	YES	YES	YES	YES	YES	YES	YES	YES

附表6　做市商企业数量与股票流动性：基本回归

变量	(1) Amihud	(2) Lnturnover	(3) Lnvol	(4) Lndvol	(5) HL_no	(6) HL_before	(7) Zeros_ impact	(8) Zeros
Mm_number	−0.001**	0.000***	0.023***	0.023***	−0.000	−0.000	−0.001	−0.002
	(−2.389)	(3.330)	(3.271)	(3.346)	(−0.863)	(−1.020)	(−0.160)	(−1.452)

变量	(1) Amihud	(2) Lnturnover	(3) Lnvol	(4) Lndvol	(5) HL_no	(6) HL_before	(7) Zeros_ impact	(8) Zeros
Roe	−0.000***	0.000***	0.004***	0.004***	−0.000	−0.000	−0.006***	−0.001***
	(−4.810)	(3.479)	(2.615)	(2.769)	(−0.582)	(−0.269)	(−3.307)	(−3.101)
Size	−0.006***	0.000	0.155***	0.159***	0.001***	−0.000**	−0.133***	0.006
	(−4.331)	(1.460)	(4.429)	(4.497)	(3.383)	(−2.025)	(−3.299)	(0.813)
Growth	−0.000	0.000***	0.001***	0.001***	0.000***	0.000***	−0.001***	−0.000***
	(−0.939)	(6.150)	(5.346)	(5.400)	(3.252)	(3.901)	(−3.511)	(−3.080)
Level	0.000***	−0.000	−0.003**	−0.002*	−0.000*	0.000	0.004**	0.000
	(3.140)	(−0.285)	(−2.023)	(−1.687)	(−1.649)	(1.227)	(2.346)	(0.528)
Top1	0.000	−0.000	−0.002*	−0.002*	0.000	0.000	−0.001	−0.001***
	(0.837)	(−1.331)	(−1.804)	(−1.842)	(0.061)	(0.707)	(−0.697)	(−2.787)
Numdirector	−0.000	−0.000	−0.015	−0.012	0.000	−0.000	−0.003	0.001
	(−0.493)	(−1.169)	(−0.893)	(−0.712)	(0.902)	(−0.513)	(−0.174)	(0.440)
Executive	−0.015***	0.001	0.039	0.021	0.002*	0.001	−0.239	−0.001
	(−2.629)	(0.844)	(0.229)	(0.121)	(1.823)	(1.558)	(−1.345)	(−0.039)
Plurm	−0.002	0.000**	0.093**	0.092**	0.000	0.000***	−0.070*	−0.014**
	(−1.464)	(2.087)	(2.384)	(2.380)	(1.472)	(2.939)	(−1.773)	(−2.160)
Cir_stock	−0.006***	−0.002***	0.293***	0.285***	−0.000	0.000**	−0.053	−0.022***
	(−5.797)	(−7.694)	(7.844)	(7.661)	(−0.524)	(2.554)	(−1.534)	(−3.924)
Num_sholder	−0.020***	0.004***	0.838***	0.838***	0.000**	0.001***	−0.680***	−0.167***
	(−20.464)	(27.238)	(33.019)	(31.642)	(2.108)	(10.801)	(−20.916)	(−32.826)
$Stkret^2$	0.938***	0.182***	35.153***	30.011***	−0.988***	0.119***	−19.379***	−0.010
	(14.980)	(18.048)	(20.957)	(19.143)	(−26.703)	(10.721)	(−12.838)	(−0.030)
Lnprice	−0.031***	0.000	−0.127***	0.871***	−0.000**	−0.001***	0.174***	−0.032***
	(−28.584)	(0.909)	(−4.277)	(29.543)	(−2.456)	(−4.770)	(5.499)	(−6.303)
Constant	0.453***	0.013***	−2.031***	−1.966***	−0.015***	0.001	7.331***	1.574***
	(17.128)	(3.043)	(−3.231)	(−3.154)	(−5.209)	(0.298)	(11.019)	(13.940)
Observations	155,707	155,888	155,888	155,888	155,888	155,888	155,888	155,888
R−squared	0.493	0.398	0.566	0.626	0.287	0.168	0.244	0.484
Industry effects	YES	YES	YES	YES	YES	YES	YES	YES
Time effects	YES	YES	YES	YES	YES	YES	YES	YES
Firm clusters	YES	YES	YES	YES	YES	YES	YES	YES

附表7　做市商做市实力与股票流动性：基本回归

变量	(1) Amihud	(2) Lnturnover	(3) Lnvol	(4) Lndvol	(5) HL_no	(6) HL_before	(7) Zeros_impact	(8) Zeros
Mm_ tradshare	−0.000 (−0.333)	0.000** (2.509)	0.010** (2.192)	0.011** (2.266)	−0.000 (−1.076)	−0.000 (−1.224)	0.002 (0.263)	−0.000 (−0.160)
Roe	−0.000*** (−4.816)	0.000*** (3.485)	0.004*** (2.621)	0.004*** (2.775)	−0.000 (−0.583)	−0.000 (−0.271)	−0.006*** (−3.308)	−0.001*** (−3.105)
Size	−0.006*** (−4.326)	0.000 (1.453)	0.155*** (4.419)	0.159*** (4.486)	0.001*** (3.386)	−0.000** (−2.021)	−0.133*** (−3.300)	0.006 (0.814)
Growth	−0.000 (−0.930)	0.000*** (6.134)	0.001*** (5.330)	0.001*** (5.384)	0.000*** (3.255)	0.000*** (3.904)	−0.001*** (−3.510)	−0.000*** (−3.077)
Level	0.000*** (3.139)	−0.000 (−0.282)	−0.003** (−2.019)	−0.002* (−1.684)	−0.000* (−1.650)	0.000 (1.226)	0.004** (2.346)	0.000 (0.528)
Top1	0.000 (0.832)	−0.000 (−1.331)	−0.002* (−1.803)	−0.002* (−1.840)	0.000 (0.062)	0.000 (0.708)	−0.001 (−0.699)	−0.001*** (−2.788)
Numdirector	−0.000 (−0.500)	−0.000 (−1.164)	−0.015 (−0.887)	−0.012 (−0.706)	0.000 (0.902)	−0.000 (−0.514)	−0.003 (−0.175)	0.001 (0.436)
Executive	−0.015*** (−2.642)	0.001 (0.851)	0.041 (0.237)	0.022 (0.129)	0.002* (1.822)	0.001 (1.557)	−0.239 (−1.347)	−0.001 (−0.046)
Plurm	−0.002 (−1.471)	0.000** (2.092)	0.093** (2.389)	0.092** (2.386)	0.000 (1.471)	0.000*** (2.938)	−0.070* (−1.774)	−0.014** (−2.164)
Cir_stock	−0.006*** (−5.806)	−0.002*** (−7.690)	0.293*** (7.846)	0.285*** (7.663)	−0.000 (−0.523)	0.000** (2.555)	−0.053 (−1.536)	−0.022*** (−3.929)
Num_sholder	−0.020*** (−20.467)	0.004*** (27.250)	0.838*** (33.019)	0.838*** (31.647)	0.000** (2.108)	0.001*** (10.798)	−0.680*** (−20.917)	−0.167*** (−32.838)
$Stkret^2$	0.938*** (14.982)	0.182*** (18.051)	35.157*** (20.959)	30.015*** (19.143)	−0.988*** (−26.704)	0.119*** (10.719)	−19.378*** (−12.837)	−0.010 (−0.030)
Lnprice	−0.031*** (−28.613)	0.000 (0.931)	−0.126*** (−4.251)	0.872*** (29.568)	−0.000** (−2.458)	−0.001*** (−4.774)	0.174*** (5.491)	−0.032*** (−6.328)
Constant	0.452*** (17.122)	0.012*** (2.948)	−2.087*** (−3.318)	−2.025*** (−3.248)	−0.015*** (−5.127)	0.001 (0.368)	7.310*** (10.931)	1.570*** (13.902)

续表

变量	(1) Amihud	(2) Lnturnover	(3) Lnvol	(4) Lndvol	(5) HL_no	(6) HL_before	(7) Zeros_ impact	(8) Zeros
Observations	155, 707	155, 888	155, 888	155, 888	155, 888	155, 888	155, 888	155, 888
R – squared	0. 493	0. 397	0. 566	0. 626	0. 287	0. 168	0. 244	0. 484
Industry effects	YES	YES	YES	YES	YES	YES	YES	YES
Time effects	YES	YES	YES	YES	YES	YES	YES	YES
Firm clusters	YES	YES	YES	YES	YES	YES	YES	YES

附表8　做市商盈利能力与股票流动性：基本回归

变量	(1) Amihud	(2) Lnturnover	(3) Lnvol	(4) Lndvol	(5) HL_no	(6) HL_before	(7) Zeros_ impact	(8) Zeros
Mm _profit	− 0. 000 (− 1. 067)	0. 000 ** (2. 396)	0. 010 ** (2. 060)	0. 010 ** (2. 177)	− 0. 000 (− 0. 786)	− 0. 000 (− 1. 259)	0. 001 (0. 161)	− 0. 001 (− 0. 772)
Roe	− 0. 000 *** (− 4. 989)	0. 000 *** (3. 489)	0. 004 *** (2. 659)	0. 004 *** (2. 813)	− 0. 000 (− 0. 484)	− 0. 000 (− 0. 244)	− 0. 005 *** (− 3. 211)	− 0. 001 *** (− 2. 991)
Size	− 0. 006 *** (− 4. 320)	0. 000 (1. 466)	0. 155 *** (4. 437)	0. 158 *** (4. 495)	0. 001 *** (3. 404)	− 0. 000 ** (− 2. 127)	− 0. 135 *** (− 3. 348)	0. 006 (0. 816)
Growth	− 0. 000 (− 0. 980)	0. 000 *** (6. 090)	0. 002 *** (5. 427)	0. 002 *** (5. 475)	0. 000 *** (3. 127)	0. 000 *** (3. 764)	− 0. 001 *** (− 3. 567)	− 0. 000 *** (− 2. 986)
Level	0. 000 *** (3. 096)	− 0. 000 (− 0. 204)	− 0. 003 ** (− 1. 986)	− 0. 002 * (− 1. 659)	− 0. 000 * (− 1. 760)	0. 000 (1. 281)	0. 004 ** (2. 356)	0. 000 (0. 551)
Top1	0. 000 (0. 901)	− 0. 000 (− 1. 337)	− 0. 002 * (− 1. 788)	− 0. 002 * (− 1. 819)	0. 000 (0. 128)	0. 000 (0. 734)	− 0. 001 (− 0. 731)	− 0. 001 *** (− 2. 825)
Numdirector	− 0. 000 (− 0. 508)	− 0. 000 (− 1. 226)	− 0. 015 (− 0. 937)	− 0. 012 (− 0. 753)	0. 000 (1. 035)	− 0. 000 (− 0. 472)	− 0. 004 (− 0. 231)	0. 001 (0. 413)
Executive	− 0. 015 *** (− 2. 642)	0. 001 (0. 826)	0. 032 (0. 182)	0. 012 (0. 072)	0. 002 * (1. 857)	0. 001 (1. 528)	− 0. 236 (− 1. 322)	− 0. 000 (− 0. 014)
Plurm	− 0. 002 (− 1. 465)	0. 001 ** (2. 115)	0. 097 ** (2. 466)	0. 095 ** (2. 463)	0. 000 (1. 370)	0. 000 *** (2. 851)	− 0. 074 * (− 1. 859)	− 0. 014 ** (− 2. 139)

续表

变量	(1) Amihud	(2) Lnturnover	(3) Lnvol	(4) Lndvol	(5) HL_no	(6) HL_before	(7) Zeros_impact	(8) Zeros
Cir_stock	-0.006***	-0.002***	0.293***	0.285***	-0.000	0.000**	-0.051	-0.022***
	(-5.805)	(-7.680)	(7.864)	(7.683)	(-0.601)	(2.536)	(-1.470)	(-3.841)
$Num\_sholder$	-0.020***	0.004***	0.837***	0.838***	0.000**	0.001***	-0.677***	-0.167***
	(-20.228)	(27.180)	(33.168)	(31.792)	(2.150)	(10.863)	(-20.794)	(-32.629)
$Stkret^2$	0.939***	0.182***	35.203***	30.088***	-0.991***	0.120***	-19.310***	0.019
	(14.773)	(17.784)	(20.836)	(19.088)	(-26.548)	(10.562)	(-12.651)	(0.055)
$Lnprice$	-0.031***	0.000	-0.127***	0.870***	-0.000**	-0.001***	0.173***	-0.032***
	(-28.446)	(0.889)	(-4.312)	(29.609)	(-2.460)	(-4.651)	(5.397)	(-6.211)
Constant	0.451***	0.012***	-2.038***	-1.968***	-0.015***	0.001	7.303***	1.565***
	(16.860)	(3.003)	(-3.240)	(-3.157)	(-5.160)	(0.447)	(10.870)	(13.780)
Observations	144,622	144,795	144,795	144,795	144,795	144,795	144,795	144,795
R-squared	0.492	0.396	0.567	0.625	0.288	0.167	0.243	0.482
Industry effects	YES	YES	YES	YES	YES	YES	YES	YES
Time effects	YES	YES	YES	YES	YES	YES	YES	YES
Firm clusters	YES	YES	YES	YES	YES	YES	YES	YES